PEINTRES D'AUJOURD'HUI

PAR

ACHILLE SEGARD

LES DÉCORATEURS

**

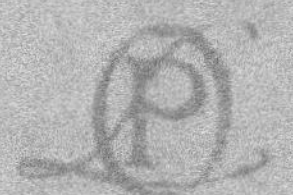

LIBRAIRIE OLLENDORFF
50, Chaussée d'Antin, 50
PARIS

PEINTRES D'AUJOURD'HUI

Les Décorateurs

DU MÊME AUTEUR

POÉSIE

Hymnes Profanes.
Le Départ à l'Aventure.
Le Mirage perpétuel.

CRITIQUE LITTÉRAIRE

Itinéraire Fantaisiste.
Les Voluptueux et les Hommes d'action.

ROMAN

L'Envie.
L'Avarice.
L'Orgueil.

VOYAGE

La Sicile et ses Œuvres d'art (Plon, éditeur).
La Mission de la Littérature Française (Conférences de propagande en Orient et en Russie).

CRITIQUE D'ART

Sodoma et la fin de l'École de Sienne au XVIe siècle (avec 21 illustrations, avril 1910, Floury, édit.).
Mary Cassatt. Un peintre des enfants et des mères (avec 38 reproductions).
Articles épars.
Peintres d'Aujourd'hui. — *Les Décorateurs* (1ᵉ série) : Albert Besnard. Gaston La Touche. Jules Chéret. Paul Baudoüin.

ACHILLE SEGARD

PEINTRES D'AUJOURD'HUI

Les Décorateurs

**

HENRI MARTIN — AMAN-JEAN
MAURICE DENIS — ÉDOUARD VUILLARD

DEUXIÈME ÉDITION

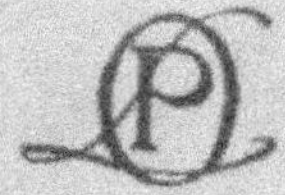

PARIS

Société d'Éditions Littéraires et Artistiques

LIBRAIRIE PAUL OLLENDORFF

50, CHAUSSÉE D'ANTIN, 50

—

Copyright by Achille Segard, 1914.

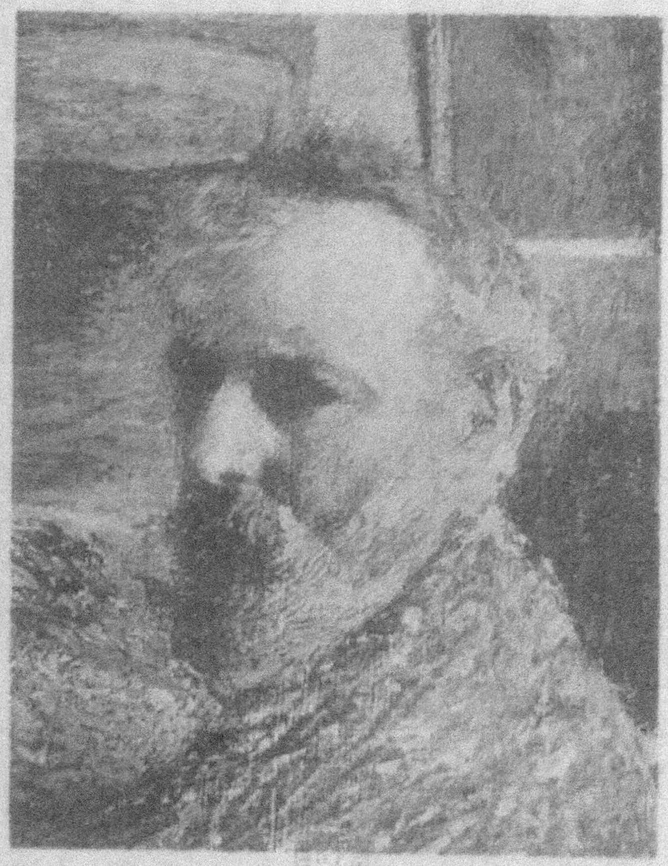

PORTRAIT DE L'ARTISTE

PAR LUI-MÊME

HENRI MARTIN

HENRI MARTIN

Un instinct fougueux longtemps désorienté par l'éducation, un tempérament audacieux se méconnaissant lui-même pendant plus de vingt ans, une sensibilité virile et agreste ne parvenant à prendre conscience de ses qualités propres qu'en se libérant de disciplines scolastiques et de préoccupations littéraires qui ne s'accordèrent jamais qu'en apparence avec son tempérament de poète réaliste voilà les mots qui me paraissent résumer toute l'évolution de l'œuvre d'Henri Martin.

La personnalité de ce peintre est vigoureuse et originale. Son œuvre est importante. Cependant il est nécessaire d'établir dans cette carrière des distinctions. En effet M. Henri Martin, avant d'aboutir à des chefs-d'œuvre, est passé par de longues périodes de recherches, d'incertitudes et d'erreurs.

Pour lui aussi — comme pour tant d'autres — le
précepte grec γνῶθι σεαυτόν[1], est demeuré pendant
longtemps un idéal irréalisable. Pendant vingt ans
il a peint des tableaux qui n'étaient ni sans vigueur,
ni sans beauté, mais par lesquels ne s'expri-
maient qu'à demi ses qualités essentielles. Entre
les motifs choisis par le peintre et le tempérament
foncier de l'artiste il y avait un désaccord initial
qui bridait le développement de sa personnalité,
l'empêchait de se manifester dans son éclatante
simplicité. L'éducation primait l'instinct. La
volonté, toujours très impérieuse chez cet artiste
exceptionnellement laborieux — se trouvait en
contradiction constante avec les aspirations obscures
du génie. A travers ces tableaux d'histoire, ces
sujets « poétiques », ces peintures « d'idées » quelque
chose du tempérament réaliste et fougueux parvenait
tout de même à se faire reconnaître, et les connaisseurs ou les émules sentaient bien qu'il ne fallait pas
confondre ce coloriste et ce poète avec le vulgaire
troupeau des imitateurs dociles. Cependant les
meilleurs juges sentaient bien — eux aussi — tout

1. Connais-toi toi même.

ce qu'il y avait encore d'emprunté, de factice et de conventionnel dans ces œuvres qui ressemblaient à des êtres vivants emprisonnés dans on ne sait quelle camisole de force.

D'année en année Henri Martin travaillait à se découvrir lui-même. Il n'y parvint qu'après avoir dépassé la quarantième année. Parvenu à la maturité de son âge, ayant mérité par d'inlassables et d'incessants efforts de mettre enfin d'accord ses motifs, sa technique et son propre tempérament, il conçut et exécuta le vaste triptyque pour le Capitole de Toulouse qu'il exposa au salon de 1903 et qu'on appelle communément « les Faucheurs ». Ce fut le chef-d'œuvre. Le succès fut immense, retentissant, unanime et inoubliable. Les artistes et le public se trouvèrent d'accord. Peut-être le public fut-il plus démonstratif. Dans cette triste société des « Artistes Français » l'originalité est souvent considérée comme un manque de goût et certaines questions de technique — qui devraient être considérées comme secondaires — déterminent entre les uns et les autres des inimitiés ardentes.

A dix ans de distance il est bien peu de visiteurs des salons qui ne se souviennent pas de cette immense toile décorative. Henri Martin est et demeurera l'auteur des *Faucheurs.*

LE TRIPTYQUE DES FAUCHEURS

La surprise admirative des artistes et le souvenir exceptionnellement net que chacun garde de cette immense composition[1] prouve qu'elle répondait d'une manière éclatante et complète à une excellente conception de la peinture décorative : exprimer avec clarté par des moyens purement picturaux, un sujet si simple et si saisissant que le spectateur puisse le comprendre entièrement d'un coup d'œil, s'y complaire, le revoir indéfiniment en imagination et en réalité, ne jamais s'en fatiguer, et recueillir enfin de cette contemplation un enseignement moral. Bien peu de peintures décoratives modernes peuvent supporter un examen fait de ces divers points de vue.

L'idée générale de cette composition est extrême-

1. Qui n'a jamais été revue à Paris depuis 1903 puisqu'elle a été, après le Salon, transportée à Toulouse et marouflée sur les murs.

ment simple. Elle tend à représenter en trois vastes panneaux la jeunesse, l'âge mûr et la vieillesse.

Dans le panneau du centre, sur une vaste prairie bordée de peupliers qui projettent sur les verts et les jaunes de l'herbe qu'on fauche, de grandes ombres violacées, au pied de collines toutes proches qui ne laissent apercevoir qu'un peu de ciel très bleu, une dizaine de paysans en costume de travail, pantalons larges, chemises de couleur et chapeaux de paille jaune fauchent, d'un grand geste rhytmique. Au premier plan et à droite, trois jeunes filles dansent une ronde. Une quatrième assise par terre dorlote un bébé blond dont elle s'amuse comme d'une grande poupée. On aperçoit au deuxième plan le chariot attelé de bœufs paisibles et qui attendent leur charge de foin.

A notre gauche le petit panneau représente une jeune paysanne debout qui tricote en gardant ses moutons dans un paysage printanier d'arbres en fleurs près d'un ruisseau. Un jeune paysan, la veste négligemment jetée sur sa chemise de couleur, lui parle de mariage.

A notre droite enfin, une vieille femme toute

courbée par l'âge se penche sur son bâton et sur-
veille ses deux chiens dans le même paysage de
peupliers aux troncs nus, au pied des collines peu
lointaines, non loin de la petite maison rustique
où elle a vécu et où elle mourra.

C'est tout. Et cela est très grand. M. Henri Martin
a conçu son œuvre en décorateur et en coloriste,
c'est-à-dire par grandes taches distribuées sur cette
immense surface avec un ordre et une sobriété
extrêmes. Des jaunes, des verts et des bleus forment les grands accords fondamentaux. Le dessin
et la couleur ont jailli en même temps de son imagination et des spectacles réellement vus. Ce
paysage, on sent qu'il le connaît de longue date.
C'est l'un des sites de sa terre natale. Il en a fait à
l'infini des études et des esquisses. Il connaît la
nature géologique de ce terrain, il sait de quoi se
compose l'infra-structure de ces collines où le roc
affleure en maints endroits sous le manteau brillant
de la végétation. Ces peupliers il en a saisi à maintes
reprises le souple tracé, il connaît par une longue
pratique les effets que l'on peut obtenir de la ligne
presque droite de leurs troncs, de la ligne courbe
de leur volume, des lignes capricieuses de leurs

HENRI MARTIN

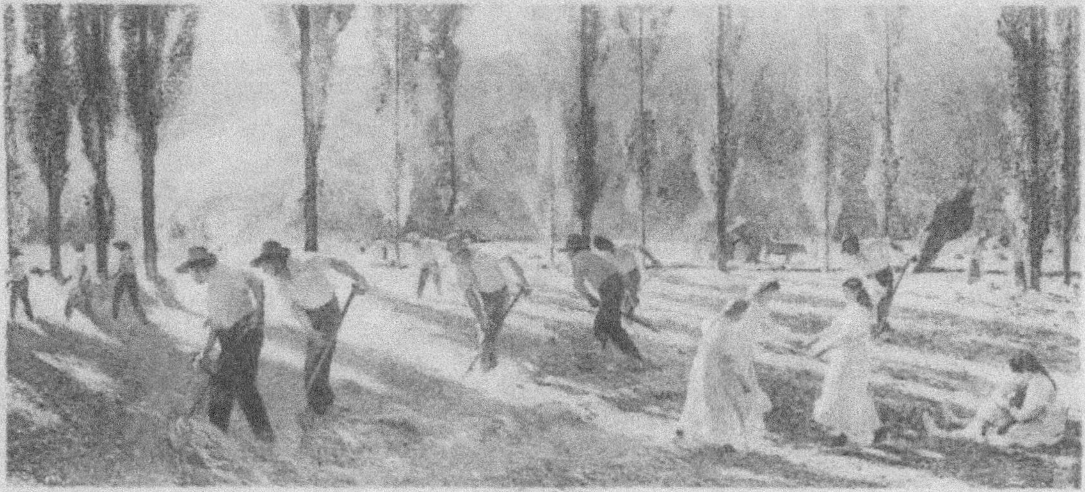

Cliché Crevaux

LES FAUCHEURS

ombres. Avec le crayon noir aussi souvent qu'avec le pinceau il a fixé ces volumes, ces lignes et cette arabesque qui court au faîte de la colline. Il connaît de longue date et il aime ces paysans qui sont ses concitoyens, ses frères, ses amis, qu'il a toujours vus travailler dans ce pays qui est le leur, avec l'attitude que commande le climat, la nature du sol, et l'éclat de la lumière. Ces moutons, ces chèvres, ces chevreaux, ces jeunes filles qui dansent, cette vieille femme qui se courbe, ces amoureux qui se causent il les a vus cent fois, il a empli ses cartons de leurs silhouettes et sa mémoire de leur souvenir.

Ayant décidé, pour ce vaste panneau, de renoncer à la mythologie, aux Muses, aux lyres, à tous les accessoires plus ou moins poétiques, ayant pour ambition d'atteindre et d'exprimer le maximum de simplicité et de vérité, il s'est trouvé tout naturellement amené à vouloir recomposer sur sa toile — de mémoire — les spectacles qu'il avait eus si souvent en réalité sous les yeux. Il osa se donner pour but de rassembler dans une vision unique les tableaux successifs que la nature lui avait offerts çà et là en ordre dispersé. Travail de reconstruction après le travail d'analyse et d'observation directe, synthèse qui exige des efforts de mémoire visuelle vivifiés par un élan du cœur et de l'imagination !

LE PROCÉDÉ DE TRAVAIL

On devine facilement comment procède l'artiste dès qu'il a commencé à se préciser à lui-même l'idée générale de son tableau. D'abord une esquisse qui ne devient définitive qu'après modifications. Ensuite d'innombrables études. Enfin le report sur la grande toile blanche des lignes principales de l'esquisse : le tracé des masses avec la pointe du fusain, l'échantillonnage des taches principales rapidement indiqué du bout de la brosse, l'indication un peu plus précise des détails les plus importants. A ce moment commencent les grandes journées joyeuses, et tout le travail se poursuit d'ensemble dans toutes les directions, allègrement, fougueusement, et presque triomphalement. Composition, dessin, couleur, tout progresse en même temps, tout se précise et tout aussi se modifie par de successives éliminations.

De combien de détails peut-être fort intéressants se sont allégés, au cours de ces divers travaux, ces *Faucheurs* qui ne nous ont été montrés que dans la simplicité la plus magnifique[1]? Et comme on sent que ce travail d'élimination avait commencé bien avant que le peintre se fût précisé à lui-même le sujet de son tableau! On ne parvient à concevoir et à exécuter un chef-d'œuvre qu'après l'avoir mérité longtemps par des travaux préparatoires. Pendant toute la période où il porte en lui le pressentiment de l'œuvre future, le peintre fait sur nature — sans savoir à quoi elles serviront — des études trop directes, trop minutieuses, trop encom-

1. Il est intéressant de savoir que l'idée première de l'artiste avait été de composer ce triptyque avec les personnages conventionnels qu'il avait jusqu'alors introduits dans toutes ses grandes compositions. L'esquisse — que l'artiste croyait définitive — représentait un poète et une muse passant dans le paysage où travaillent ces faucheurs et attirant à eux l'attention des spectateurs. C'est en travaillant sur nature que M. Henri Martin restreignit peu à peu l'importance de ce groupe et que, comprenant enfin la simplicité tranquille et la majesté de la nature toute nue, il se décida enfin à éliminer tout personnage conventionnel. Le succès unanime lui prouva quel progrès immense lui avait assuré ce retour presque involontaire à la simplicité.

brées de détails. Ce sont des copies de la réalité. Ce sont de petits tableaux. Ils peuvent servir de document. Ils ne peuvent jamais être réunis tels quels dans une composition plus vaste. Leur utilité c'est de mettre l'artiste en possession de son motif. Petits ou grands, ces tableaux qui, dans l'esprit de l'artiste, se suffisaient à eux-mêmes n'étaient en réalité que des moyens.

Tout au contraire, quand l'artiste porte déjà «son sujet», quand il a réussi à établir une esquisse définitive, il élimine d'instinct dans ses notes sur nature tout ce qui ne pourra pas lui servir pour l'œuvre future. Il ne fixe que les couleurs ou les gestes essentiels. A travers le sujet particulier il pense à l'idée d'ensemble. Nous avons pu voir à l'Exposition de 1910 des études très minutieuses et d'autres qui n'offraient que de rapides indications. Les unes avaient été faites «pour le plaisir» sans autre destination qu'elles-mêmes. Les autres étaient des préparations pour une œuvre plus importante.

Pour se rendre un compte exact du procédé de M. Henri Martin il faut avoir vu, dans son atelier, l'esquisse définitive au crayon placée sur un chevalet tandis que se disposent autour d'elle, autant que possible à leur place respective, les cinquante ou soixante études de détail reprenant un à un chacun des motifs de l'ensemble et l'étudiant dans sa vérité individuelle. On se demande comment pourront se concilier les prémisses et la conclusion. Il semble que, de cette poussière d'observations élémentaires, l'œuvre définitive ne pourra jamais surgir dans son unité. Elle n'en surgirait jamais en effet si l'artiste n'avait fixé dans sa mémoire et dans son imagination la vision d'ensemble et si ces études étaient autre chose que des points de repère, des aides-mémoire, des « fiches » comparables à celles du philosophe ou du littérateur.

Devant la grande toile blanche Henri Martin travaille de mémoire beaucoup plus que d'après ses documents. Les documents lui sont indispensables mais il ne veut pas en être l'esclave. Composer une toile décorative à la façon d'une mosaïque, avec des fragments de choses vues recopiées directement de la nature sur la toile, c'est un procédé qui est en contradiction absolue avec la nature même de l'art décoratif. Par ce procédé, un artiste mérite parfois cette appréciation : « Il y a de beaux morceaux ». Cet éloge implique la négation même de la qualité essentielle à tout art décoratif : l'unité décorative.

L'exécution finale doit nécessairement être rapide, joyeuse, enlevée de verve, dans la plus parfaite maîtrise de tous les moyens d'expression. Devant la surface à couvrir tout le problème se résout à conserver — grâce aux études — le contact avec la réalité, mais cependant à ne jamais laisser l'exactitude prévaloir sur la vérité, les yeux matériels prédominer sur l'intelligence, sur la mémoire ou sur l'imagination. Si jamais œuvre de peinture doit être faite « d'ensemble » c'est la peinture décorative. Elle exige un long travail préalable de méditation, des travaux préparatoires, un parti-pris absolument net, une méthode de travail rigoureuse et — une fois l'œuvre attaquée — de la fougue, du brio et de la rapidité dans l'exécution.

Comme au théâtre il faut que l'idée soit claire, que l'expression soit nette, qu'il y ait des rehauts et des accents particuliers à l'optique et aux habitudes du spectateur, et même une mise au point et un grossissement comme théâtral.

C'est parce qu'il a senti la nécessité d'être parfai-

tement clair, parfaitement simple, dépourvu de
toute complication allégorique ou psychologique,
que M. Henri Martin est parvenu à la simplification extrême, à la parfaite simplicité. Par le sentiment des réalités supérieures l'artiste se discipline lui-même. L'art des sacrifices le conduit
d'étape en étape jusqu'au style.

LE SENTIMENT RURAL

M. Henri Martin n'avait pas à redouter que cette
stylisation progressive anémiât son œuvre, la débi-
litât, la rendît pareille à ces froides œuvres d'école,
jeux factices d'un esprit qui se complaît en soi-même,
et dans lesquelles ne se sent plus dutout le contact
avec la réalité ni l'émotion devant la nature.

Le sujet lui était très familier. Ce coin de nature,
ces paysans, ce ciel et ces ruisseaux le touchaient
trop vivement, éveillaient en lui trop de souvenirs
intimes et, pour tout dire en un mot, trop d'amour,
pour qu'il eût à craindre de perdre le contact
nécessaire. Ce Toulousain était resté attaché à sa
terre natale, proche de ses origines paysannes,

fruste, simple et, malgré qu'il habitât Paris depuis vingt ans, foncièrement rustique.

En choisissant ce sujet, en reprenant pied sur le sol de son pays, Henri Martin avait multiplié ses forces. Ce qu'il avait appris à l'École, ses essais, ses recherches, ses belles œuvres déjà réalisées, ses tableaux d'histoire, ses « muses » et surtout *Bucolique* ou *Sérénité*, tout lui servait de préparation, mais un homme nouveau surgissait, rural, en communion avec la terre, avec les forces végétales, avec les âmes simples des gardeuses de brebis, des bouviers et des travailleurs du sol. Était-ce vraiment un homme nouveau? C'était bien plutôt l'homme véritable, gêné jusque-là par une éducation antinaturelle, par des intentions littéraires laborieusement assimilées qui ne jaillissaient pas et qui ne pouvaient pas jaillir des forces profondes de son tempérament. Henri Martin retrouvait tout à coup son pays, sa race, tout ce qui vivait en lui d'une vie héréditaire latente et irrésistible.

Le magnifique tempérament du coloriste qui commande toute cette sensibilité d'artiste trouvait enfin l'occasion de prendre tout son essor. Devant

HENRI MARTIN

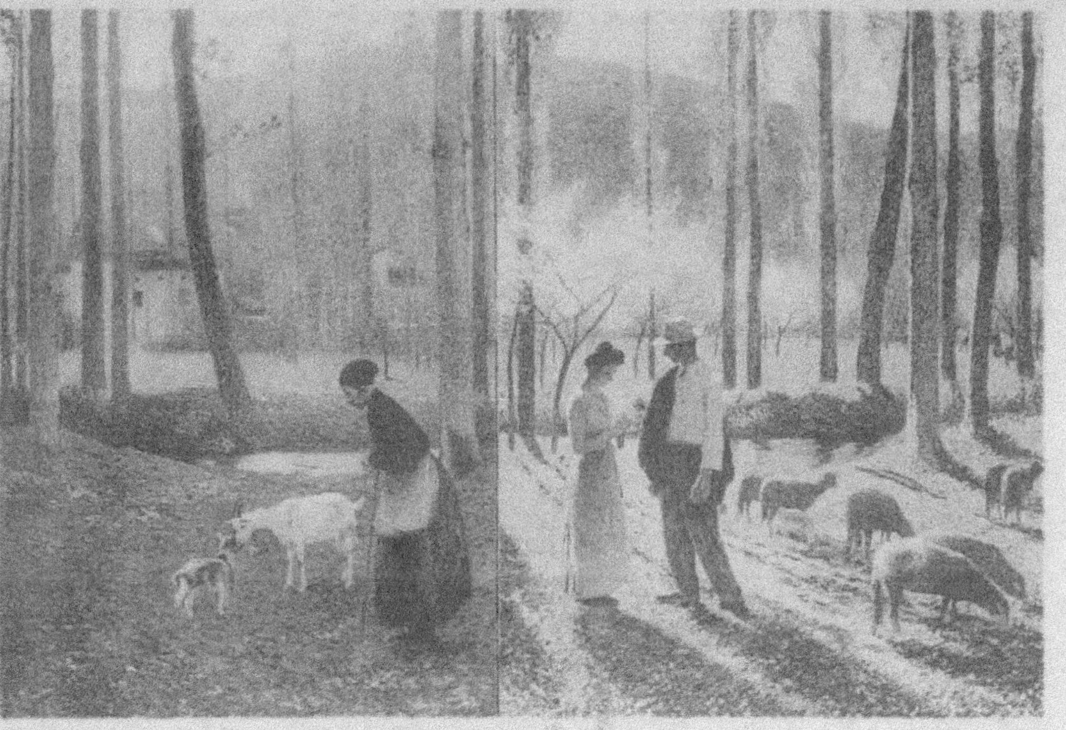

Cliché Crévaux

LA VIEILLESSE ET LA JEUNESSE

ce paysage majestueux, sous ce ciel éclatant et sur cette terre grasse, dans cette atmosphère embrasée, devant ces hommes en plein travail et dans cette odeur de foin on ne pouvait pas être trop éclatant, trop somptueux, trop riche en couleurs vives. Il fallait certes que l'intelligence et le goût intervinssent pour que toutes ces sensations pussent se résoudre en harmonie, mais quelle heureuse contrainte ! et qui stimulait en même temps qu'elle disciplinait toutes ses forces vives. Ce tableau devait être vivant, chaleureux et filial. C'est l'œuvre d'un voyageur qui revient de loin vers son village et qui, du haut d'un monticule, apercevant son clocher, lui tend les bras et le salue !

Toutes les rêveries qu'avaient suggérées à Henri Martin des poètes trop citadins : Musset, Byron, Dante ou Baudelaire, se résolvaient ici en réalités concrètes. Ce poète avait enfin trouvé la matière et le sujet de ses poèmes lyriques.

Par un immense et long détour il en revenait à deux ou trois sensations élémentaires — les seules qu'il ait jamais éprouvés profondément — et qui se résument en un sentiment primordial : l'amour de la terre, l'admiration éperdue devant les ciels d'azur, devant les maisons, les astres, les collines, les ruisseaux, les ponts, et les personnages baignés de lumière sous l'atmosphère éclatante de sa région méridionale.

Les *Faucheurs* représentent l'aboutissement d'une recherche de vingt années. C'est un chef-d'œuvre. La poésie d'Henri Martin, son lyrisme naturel, sa personnalité foncière, toutes ses qualités de technique, de science, de fougue et de sensibilité, c'est ici qu'elles se révèlent, qu'on les admire et qu'on les aime.

Quel besoin qu'une Mireille avec une lyre soit dans un coin de ce magnifique paysage ? Ce sont les âmes du Quercy, du Lot et du Tarn-et-Garonne qui chantent dans ces panneaux d'une belle voix unanime. Par cette œuvre, Henri Martin est bien plus proche du génie de Mistral ou de Virgile qu'il n'était proche de Musset par sa *Nuit d'octobre*, du Dante, par sa *Francesca*, et de Baudelaire par sa *Fleur du mal*. Ce qu'il avait emprunté à ces poètes, c'était précisément ce qui leur était le moins essentiel : l'apparence physique des personnages, les couronnes de houx ou d'étoiles, les longues robes, les capulets, les gestes hiératiques et, par-dessus tout, les lyres. Il va de soi — puisque c'est un peintre — qu'il avait tout de même réussi sur ces motifs peu profonds à faire preuve de qualités personnelles et importantes. Mais ces *Faucheurs* sont au sommet de sa carrière. Ce qu'il y a d'essentiel, soit dans les bucoliques grecques, soit dans les géorgiques provençales ou latines, c'est l'amour du sol, l'odeur de la terre, l'enivrement de la lumière, de la couleur, l'immense amour de la vie animale et végétale toute vivifiée par la présence et par les travaux humains. Or ce sont ces sentiments élémentaires que magnifie cette forte trilogie et c'est par cette communauté de sentiments que ce triptyque s'apparente aux grandes œuvres de tous les temps.

A partir des *Faucheurs* Henri Martin comprit-il qu'il n'était pas de la même race que les grands lyriques citadins par lesquels il avait été ébloui, qu'il ne serait jamais un raffiné comme le fut Baudelaire ni un grand aristocrate comme Byron, ni un sentimental éperdu comme Musset ni un philosophe dominateur comme Dante? Lentement il en arrivait à se connaître lui-même, à prendre conscience de sa propre personnalité qui était simple, naïve, élémentaire et modelée à l'image de sa province natale.

Il est extraordinaire d'avoir à constater que M. Henri Martin ne parvint à cette simplicité qu'après vingt années de travail assidu — de recherches compliquées — et qu'il avait dépassé l'âge de quarante ans quand il renonça aux sujets dramatiques ou allégoriques, pour redevenir un homme simple en accord avec les réalités.

LES ORIGINES ET LA FORMATION

Pour nous rendre compte de la révolution intellectuelle et morale dont cette œuvre magnifique témoignait tout à coup avec éloquence, rappelons-nous maintenant les origines d'Henri Martin et les étapes progressives de la formation de sa personnalité.

Il est né à Toulouse en 1860, d'une famille modeste qui le destinait au commerce. Il n'eût pas le loisir de poursuivre ses études. Vers la quinzième année il fut placé en qualité de commis chez un marchand de drap. Quelques amitiés de jeunesse, des rêves de gloire, de fréquentes visites au Musée précisèrent sa vocation. Il obtint de ses parents l'autorisation d'entrer à l'École des Beaux-Arts de sa ville natale. Son professeur, Jules Garepuy, avait été l'élève de Delacroix et avait gardé pour son maître, pour les Vénitiens et pour tous les grands coloristes, une admiration passionnée.

Peut-être les enseignements de ce maître peu illustre, et qui avait été assez modeste pour ne pas demeurer à Paris, était-il précisément celui qui convenait au jeune artiste. Son influence aurait pu être heureuse sans devenir déformatrice. Il nous suffit, pour incliner à le croire, qu'Henri Martin porte témoignage que ce professeur aimait avant tout les coloristes et qu'il préférait à tous les autres les grandes décorations de Véronèse. Où le jeune peintre aurait-il pu trouver une éducation plus conforme à son propre tempérament ? Malheureusement Paris et l'École des Beaux-Arts attirent tous les jeunes talents. A dix-neuf ans Henri Martin obtenait le Grand Prix de cette école municipale et partait pour Paris pourvu de la bourse annuelle de quinze cents francs qui, vingt ans auparavant, avait couronné le premier succès de Jean-Paul Laurens.

Le tableau qui avait valu à Henri Martin le

Grand-Prix et cette Bourse était naturellement un tableau d'Histoire : *Les adieux de Mithridate à son fils*. A l'énoncé de ce sujet on devine que l'École des Beaux-Arts de Toulouse avait les mêmes tendances que celle de Paris et que Jules Garepuy, s'il mérita la reconnaissance que lui garde son ancien élève, était dans ce milieu une heureuse exception.

A vingt ans Henri Martin entrait à l'École des Beaux-Arts de Paris et naturellement se faisait inscrire à l'atelier de l'illustre Toulousain dont la réputation et la gloire étaient devenues éclatantes. Nous ne parlerons pas avec irrévérence de la carrière et de l'œuvre de M. Jean-Paul Laurens. Il est hors de doute que sa science, son dévouement attentif et sa grande autorité morale ont dû aider singulièrement le jeune homme dont la grande ambition devait être de justifier auprès de ses parents, de ses professeurs et de ses compatriotes, la faveur dont il avait été l'objet. Le meilleur moyen de satisfaire à ces obligations morales était d'apprendre le plus vite possible tout ce qui s'enseigne à l'École, et d'obtenir rapidement dans les concours et au salon les prix, mentions et médailles qui sont les signes visibles du travail et du succès.

Élève laborieux et docile, M. Henri Martin, soutenu
par l'affection et par l'autorité de son maître, obtint
assez rapidement des succès parfois rémunéra-
teurs. Entre autres distinctions il obtint en 1883,
avec sa *Francesca di Rimini*, une première médaille et devint hors concours. En 1885 avec ses
Titans escaladant le ciel il obtenait la bourse de
voyage et partait pour l'Italie.

On comprend par conséquent l'affection et la
reconnaissance qui le lient à M. Jean-Paul Laurens.
Cependant nous ne sommes pas sûrs que ce maître
ait essayé de deviner le véritable tempérament
de son élève ni qu'il l'ait aidé à se découvrir
lui-même. Il donna à ce jeune homme comme à
ses autres élèves l'enseignement canonique international dont l'École des Beaux-Arts détient la tradition et qu'elle perpétue inlassablement. Apprendre
à dessiner correctement, choisir des « sujets »,
savoir composer un tableau, apprendre à le colo-
rier avec goût c'est-à-dire de la manière la plus
agréable, tel est en quelques mots l'essentiel de cet
enseignement. D'illustres exemples prouvent que
cet enseignement n'étouffe pas nécessairement toute
originalité. Des exemples non moins illustres

prouvent que cet enseignement peut déformer pour longtemps et anémier parfois pour toujours certaines autres personnalités.

Pour M. Henri Martin le cas ne me paraît point douteux. Le désir d'avoir du succès l'entraîna à choisir des sujets dramatiques. L'influence de son maître l'entraîna vers les tableaux « d'histoire », les sujets « poétiques, » lui donna le goût de l'archéologie et du détail « exact ». Dans l'élaboration de ces tableaux dramatiques le sujet et la composition supplantaient de très loin l'invention d'un dessin personnel et qui convienne exactement au tempérament particulier de l'artiste, l'observation directe de la réalité, le sens de la nature et des vérités générales, le don de penser par des couleurs au moins autant que par des lignes et des contours.

Tous les travaux d'élèves se ressemblent par définition. Ils sont faits suivant des règles qui s'enseignent méthodiquement et se transmettent de génération en génération. Ils ne sont pas émouvants parce qu'ils ne sont pas émus. Même quand ils sont « parfaits » ils n'offrent aucun intérêt.

Le premier tableau qu'Henri Martin envoya au salon portait un titre qui nous laisse deviner quel

HENRI MARTIN

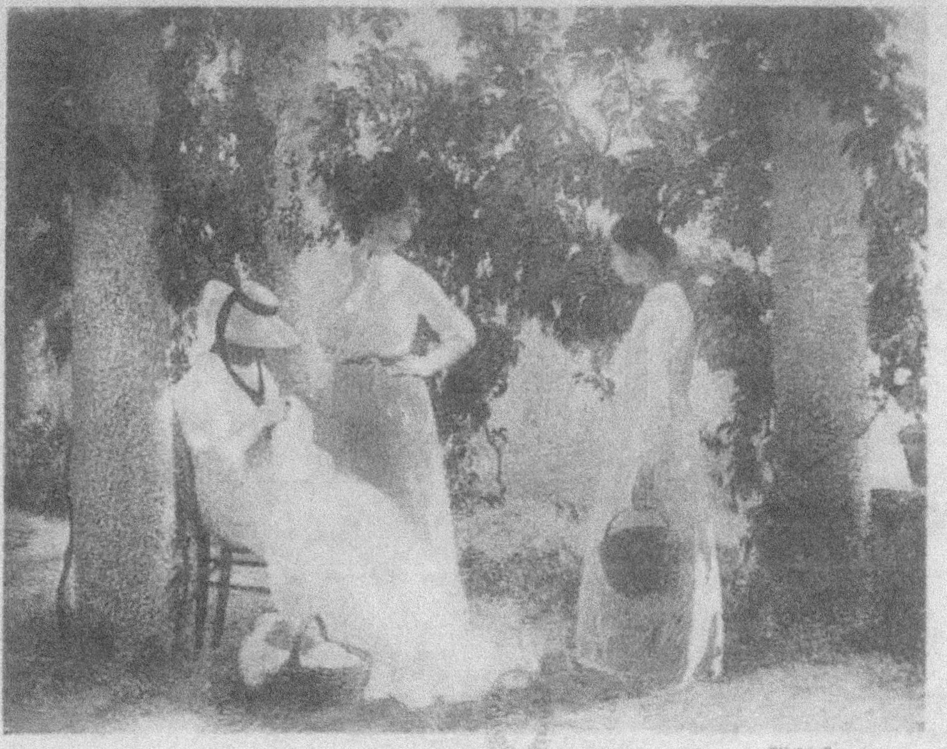

SOUS LA PERGOLA

Cliché Crevaux

en était l'esprit et le caractère. C'était *le Désespéré*[1].
Deux ans après il envoya *La Course à l'abîme*
non moins dramatique et le goût de l'archéologie
poétique lui inspira en 1883 un tableau intitulé
Paolo Malatesta et Francesca di Rimini[2]. Ce fut
son premier grand succès et l'occasion de sa première médaille. Tout l'incitait donc à continuer
dans cette voie. En 1884 : *Caïn*, en 1885 *Titans
escaladant le ciel*, en 1888 *Ugolin* etc., etc., et ce
goût du « sujet » plus particulièrement du sujet
« historique » continue à opprimer le talent de
M. Henri Martin, même quand celui-ci commence
à s'interroger lui-même et à vouloir chercher des
moyens nouveaux d'exécution plus directement en
rapport avec les aspirations obscures de son génie.

Or s'il est un tempérament sain, robuste, prime-
sautier, mais peu enclin par nature à l'archéologie,
à l'histoire, à toutes les sciences de bibliothèque et à
la superstition de l'exactitude pratique et docu-
mentaire, c'est le tempérament d'Henri Martin.

Ni son hérédité, ni son éducation, ni le milieu
social auquel il appartenait, ni ses goûts, ni ses

1. Musée de Toulouse.
2. Musée de Carcassonne.

aptitudes, ne le prédestinaient à ce genre de peinture. Il était par nature exactement à l'opposé de M. Jean-Paul Laurens, si studieux, si appliqué, si savant et si naturellement archéologue et historien. On conçoit facilement que — vérité pour Jean-Paul — les *Récits Mérovingiens* fussent pour Henri Martin une source intarissable d'erreurs. Les livres l'histoire, la légende et les sources archéologiques vivent dans l'esprit de M. Jean-Paul Laurens d'une vie sérieuse et continue ; elles ne fournissent à M. Henri Martin que des ornements d'emprunt. Dans les livres des poëtes il trouvait d'abord un magasin d'accessoires. Et cependant M. Henri Martin était un poëte. Il était donc naturel qu'il aimât et qu'il recherchât les poëtes. Par malheur son éducation littéraire — qui avait été rapide et sommaire — n'avait pas développé en lui le sens critique. Il était mal préparé à choisir dans l'immense trésor littéraire de tous les peuples et de tous les temps précisément les livres qui auraient pu lui révéler à lui-même ses qualités essentielles.

Bien qu'il fût aussi peu romantique que possible par nature et par tempérament, il s'attacha aux

poëtes romantiques, bien qu'il fût aussi peu décadent et aussi peu complexe que possible il lut avec
un enivrement désordonné *les Fleurs du mal* de
Baudelaire et les contes fantastiques d'Edgar Poë;
bien qu'il fût d'une imagination restreinte et d'un
lyrisme très attaché aux réalités de l'existence, il s'eni-
vra des traductions en prose de l'*Enfer* du Dante;
bien qu'il fût réaliste par tempérament, il fréquenta
les poëtes symbolistes qui, vers 1886-1890, se ras-
semblaient en petites chapelles. M. Henri Martin
se mêla au mouvement littéraire. Il fréquenta les
fondateurs du petit groupe Rose-Croix recruté au
hasard par le Sâr Péladan. Dans ce groupe de litté-
rateurs et d'artistes le choix du sujet prévalait sur
toutes les autres qualités qu'on est en droit d'exiger
d'un tableau ou d'une œuvre d'art. Or il est trop
clair que n'importe quel paysage copié sur nature
par l'Angelico est d'un spiritualisme délicieux et
que les sujets les plus mystiques conçus et exécutés
par un naturaliste-né perdent toute leur spiritualité.

De ces lectures poétiques, de ces fréquentations
littéraires et du parti-pris de trouver pour chaque
tableau « un sujet » les œuvres d'Henri Martin pen-

dant vingt ans portent témoignage. J'ai déjà cité plusieurs sujets — dramatiques ou grandiloquents — qu'il avait traités. Complétons ces indications. Au salon de 1882, c'est-à-dire à vingt-deux ans, Henri Martin choisissait comme sujet de son envoi au Salon l'interprétation de *la Nuit de mai* d'Alfred de Musset. En 1888, *la Nuit d'Octobre*. En 1889, *la Francesca di Rimini* du Dante. En 1890, *la Fleur du mal*, de Baudelaire. En 1891, *Chacun sa chimère*, inspiré d'un poëme en prose d'Edgar Poë. En 1892, *l'Homme entre le vice et la vertu*, inspiré par Alfred de Musset. En 1893 la décoration de l'Hôtel de Ville sort de son pinceau toute encombrée de « muses ». En 1897, *Vers l'Abime* est inspiré de Baudelaire. En 1898, un portrait du Dante et Clémence Isaure apparaissant aux Troubadours procédait du même état d'esprit.

Et je ne cite que pour mémoire ses innombrables « muses » debout, assises, de face ou de profil, toujours vêtues de tuniques idéalistes et portant toujours des lyres à sept cordes. Elles s'échelonnent, extrêmement nombreuses, entre 1882 et 1902. De la fréquentation spiritualiste des Rose-Croix datent le Christ étendant les bras sur un cimetière et les maigres figures féminines sur le visage desquelles veulent se peindre des pensées.

Entre temps, Henri Martin revenait aux tableaux « d'Histoire ». On se souvient de sa *Fête de la Fédération* exposée en 1889, et il acceptait aussi de peindre des tableaux officiels puisque « le voyage du Président Carnot à Agen » date de 1890. C'est d'ailleurs un très mauvais tableau.

On conviendra que cet immense labeur et cet inlassable besoin d'activité ne s'exerçait pas sans quelque confusion.

L'ÉVOLUTION DE LA TECHNIQUE.

Du point de vue technique l'incertitude et le manque d'unité n'étaient pas moins évidents. De vingt à trente ans, Henri Martin peignit selon les recettes de l'École des Beaux-Arts. Il mélangeait les tons sur la palette avant de les poser sur la toile, il n'avait d'aversion ni pour le « bitume », ni pour les « jus », ni pour « les sauces », ni pour les « glacis ». Cherchait-il à éviter le ton sale ? En tous cas s'efforçait-il en vain d'obtenir par ces procédés la fraîcheur et l'éclat du ton. Il voulait être un grand coloriste mais il n'osait pas s'insurger contre les habitudes d'esprit de ses maîtres, ni rompre avec les traditions immuables de l'École.

A demi-paralysé par des règles qui n'étaient pas bonnes pour lui et par des traditions qui étaient contraires à son instinct, il réussissait tout de même de temps en temps à donner à ses tableaux une énergie et un accent singuliers. Il n'entre pas dans ma façon d'envisager l'œuvre d'Henri Martin de biffer d'un trait de plume tout ce qu'il a produit pendant les quinze premières années. Il n'en est pas moins vrai qu'on sentait dans ses tableaux des compromis perpétuels, une gêne, une contrainte, et, pour tout dire en un mot, une désorientation.

A partir de 1886 ou de 1887, M. Henri Martin sentit impérieusement la nécessité de se renouveler. Les découvertes impressionnistes exercèrent sur lui une irrésistible attraction. Il déclare volontiers qu'au moment où il commença d'adopter la palette et la technique impressionnistes, il ignorait les œuvres des grands initiateurs de ce mouvement. À son avis ses recherches furent « parallèles » à celles des impressionnistes. Cette opinion pourra faire sourire. On ne peut oublier en effet que le salon des refusés date de 1863 et que Monet, Renoir ou Sisley avaient peint leurs tableaux les plus caractéristiques quelque quinze ans avant les recherches « parallèles » de M. Henri Martin. Il se peut cependant que ce peintre — qui vivait à l'ombre de l'École — ait ignoré les travaux de ces grands prédécesseurs. M. Henri Martin l'affirme. Il faut par conséquent l'admettre, bien que cela ne fasse honneur ni à sa culture personnelle, ni à l'enseignement professionnel de ses maîtres.

Cependant il n'ignora point « le portrait de Mme Roger Jourdain » qui fut exposé au Salon de 1886. Pour la première fois, dans un salon officiel, un ancien prix de Rome rompait délibérément avec les enseignements de l'École et faisait son profit des découvertes impressionnistes pour s'efforcer — avec quel succès ! — de traduire le conflit entre la lumière naturelle et le jour artificiel. En l'envoyant au Salon Albert Besnard ne se doutait pas qu'il faisait une œuvre d'apostolat. Ce fut une révolution. M. Henri Martin et bien d'autres connurent l'impressionnisme à travers Besnard. Et s'il est vrai que ces nouveaux-venus n'éprouvèrent peut-être jamais le besoin de remonter d'un élan jusqu'aux sources originelles, ils n'en sont pas moins l'objet d'une illusion lorsqu'ils se figurent avoir abouti à leurs trouvailles personnelles par des recherches « parallèles ».

Né coloriste, enivré de la richesse et de l'imprévu qu'offrent à ceux qui savent regarder l'analyse des innombrables variations des effets de lumière, M. Henri Martin s'assimila en même temps l'enseignement que proposaient les œuvres de la première génération impressionniste et ce qu'il y avait pour lui de séduisant et d'important dans les théories picturales et dans les déductions scientifiques du groupe néo-impressionniste qui tint, en 1888, ses assises chez le Barc de Boutteville, rue Le Peletier, non loin du Salon Rose-Croix qui s'abritait dans les galeries Durand-Ruel.

On sent dès *la Nuit d'octobre* de M. Henri Martin, au salon de 1888, les mêmes préoccupations, le même désir de renouvellement, le même élan vers l'art nouveau.

En 1889, Henri Martin provoque à son tour une sorte de scandale en exposant sa *Fête de la Fédération* qui était peinte « au pointillé » selon la doctrine qui paraissait alors nouvelle de la division du

ton, c'est-à-dire par petites touches serrées juxta-
posant ou superposant sur la toile les tons purs
tels qu'ils jaillissent de la coulée primordiale du
tube et sans mélange préalable sur la palette. Ce
procédé escompte la reconstitution du mélange
optique sur la rétine du spectateur quand celui-ci
se place à la distance convenable et il implique l'emploi de certaines couleurs primordiales à l'exclusion de certaines autres.

Il est probable que ce tableau aurait été refusé
si M. Henri Martin n'avait pas — en qualité de
hors concours — joui du privilège d'exposer ses
tableaux sans avoir à les soumettre à l'opinion du
jury. Le scandale fut considérable. Henri Martin se
trouva classé parmi les néophytes de l'impressionnisme. Les académiques le traitèrent en transfuge.
Il ne méritait cependant encore ni cet excès d'honneur ni cette indignité. L'évolution était timide.
Henri Martin demeurait sous l'emprise de l'École
et de ses traditions. Du néo-impressionisme, il ne
s'était encore assimilé que le procédé. Pour tout ce
qui concernait l'important, c'est-à-dire la conception du tableau, sa composition et son esprit,
M. Henri Martin demeurait fidèle à son éduca-

tion. Il ne s'était pas assimilé ce qui est l'essentiel et pour ainsi dire l'âme même de l'impressionnisme, c'est-à-dire l'étude et la notation des phénomènes lumineux considérés en eux-mêmes, pour eux-mêmes, et se suffisant entièrement pour donner au tableau son sens particulier et sa signification profonde. Cette *Fête de la Fédération* était un compromis et qui laissait subsister entre l'œuvre réalisée et le tempérament de l'artiste des antinomies foncières. Le « Décorateur » ne s'y révélait que dans une mesure médiocre.

Cet effort de libération se poursuivit pendant dix années. Le *Carnot à Agen*, *Fleur du Mal*, *Chacun sa Chimère*, *Les Troubadours*, *Clémence Isaure*, *L'Homme entre le vice et la vertu*, *Vers l'abîme*, *Douleur*, *La Samaritaine*, et même la décoration de l'Hôtel de Ville, ne sont impressionnistes que par les apparences. C'est la palette qui devient impressionniste, mais le dessin, la composition et surtout l'esprit sont encore traditionnels.

Les grandes étapes qui devaient aboutir à la libération définitive sont le *Sérénité* du Luxembourg (salon de 1899), le nu féminin intitulé *Beauté* (salon de 1900), et surtout la *Bucolique* de 1901.

La *Beauté* nous montre l'artiste se plaçant en face d'un modèle nu et faisant abstraction de toute intention littéraire. Il est enfin redevenu un homme simple, ému devant la beauté d'une femme, et un coloriste enivré par le ton chaleureux de la peau que font valoir les deux grandes taches de la draperie qui couvre la partie inférieure du corps et du voile que, de ses bras relevés, elle soulève au-dessus de sa tête. Un reste de symbolisme presque puéril subsiste encore dans l'encadrement de feuilles et de fleurs dont l'artiste s'est cru obligé d'entourer cette belle femme nue. Du moins a-t-il vu cet encadrement symbolique en coloriste et en décorateur. Nous ne le lui reprocherons donc pas. Mais les qualités essentielles de ce magnifique morceau, c'est le sens du volume, de la consistance, de l'harmonie des formes, c'est l'émotion communicative de l'artiste devant son modèle, c'est la sobriété ferme et pleine du modelé, c'est l'éclat rayonnant de la couleur et la vibratilité des accords de tons. Voilà des qualités importantes et qui sont indépendantes du « motif ».

Ces qualités étaient certes plus ou moins sensibles dans toute l'œuvre précédente d'Henri Martin et c'est à cause d'elles que cette œuvre a pu paraître importante dès le début, mais c'est la première fois qu'elles apparaissent en pleine lumière, n'empruntant que d'elles-mêmes leur style et leur signification. C'est la première fois qu'un réalisme de bon aloi vivifie l'œuvre toute entière et qu'elle se présente à nous dépourvue de toute intention littéraire, de tout accessoire, dans toute la simplicité de ses qualités purement picturales. Pour mesurer l'espace parcouru reportons-nous à une œuvre très connue et qui avait été conçue cinq années auparavant.

LA DÉCORATION DE L'HÔTEL-DE-VILLE

Elle date de 1895. C'est la première œuvre décorative au sens propre du mot qu'ait exécutée M. Henri Martin puisque l'*Inspiration* qui date de 1893 était en réalité un panneau décoratif sans destination et qui appartint un moment au musée d'Amiens avant de trouver sa place définitive dans la salle des Illustres de Toulouse.

Cette décoration obtint un très grand succès et

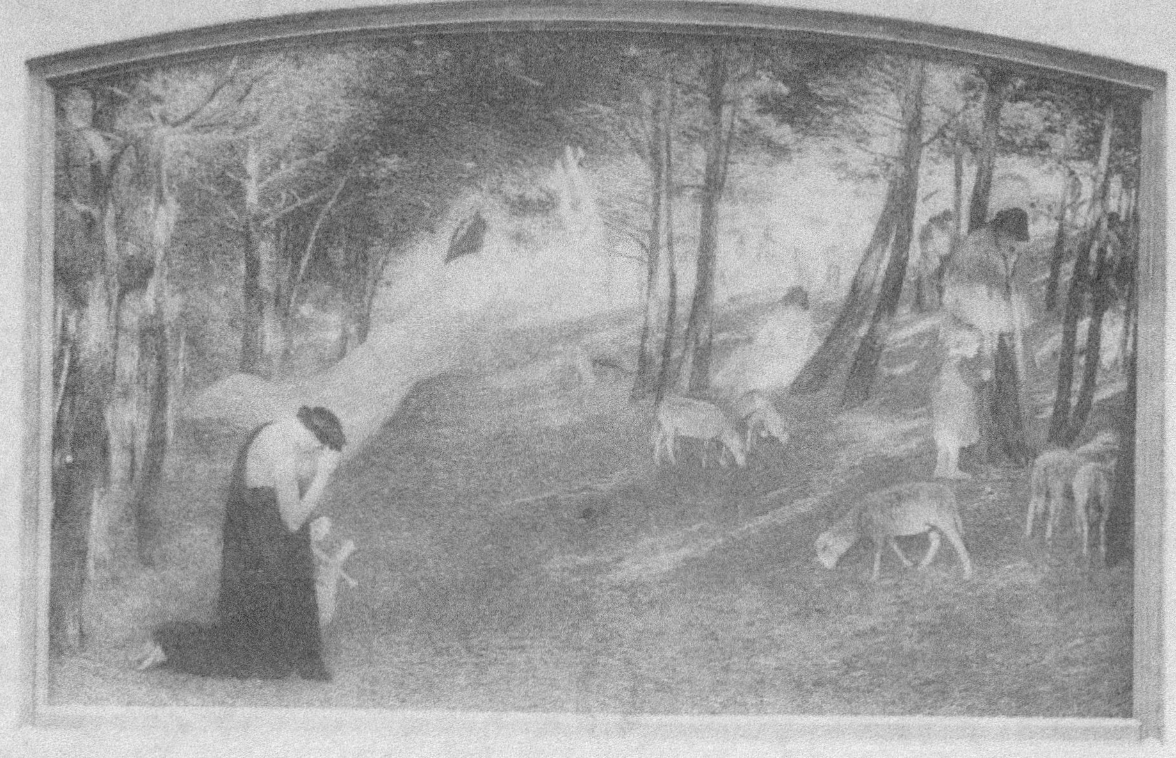

L'INSPIRATION

elle le mérite encore. Elle se compose d'un plafond et d'une sorte de frise décorative courant autour des quatre murs d'une salle rectangulaire. Des arcades supportées par des piliers divisent en écoinçons l'espace concédé au peintre. Sur chacune des faces principales il y a deux groupes de personnages posés sur le prolongement des piliers entre les deux arcades ouvertes. Pour les deux murs qui ne sont percés que d'une seule arcade il y a, de chaque côté de cette arcade une figure debout et méditative.

Tous ces personnages sont reliés entre eux par un paysage stylisé — fort bien conçu et d'une belle exécution décorative — où se reconnaissent le sol roux, les pins aux troncs lisses, les branches parallèles et les effets de soleil couchant dont l'artiste devait tirer encore de si nombreux effets.

L'ensemble est harmonieux, bien ordonné, d'une couleur et d'un modelé un peu minces et menus, mais assez élégants et d'une arabesque qui n'est pas particulièrement enveloppante, mais qui a son charme. Il y a beaucoup d'ordre. Le plafond est moins réussi. Il n'est pas dénué d'une certaine vacuité. Trois groupes de trois figures féminines en vêtements flottants traversent le ciel bleu, portant dans chaque main une lyre ou une couronne. A chaque extrémité une figure rouge et une autre rose remplissent des espaces demeurés vides. Au centre, Apollon nu est assis sur un nuage et fait un geste qui n'a guère de signification. Cela est joli mais encore bien scolaire. C'est le bon travail d'un excellent élève.

Dans un écoinçon certaines figures laissent deviner ce que l'artiste deviendra. La plus belle est, face aux fenêtres, une figure de femme debout qui représente sans doute *La Mélancolie*. Elle est assez vraie pour qu'on sente qu'elle a été exécutée d'après le réel et assez transposée pour être une œuvre d'artiste. La robe bleu-foncé, sur laquelle se jouent des reflets, se modèle harmonieusement dans une sorte de pénombre. Le profil du visage baigne dans la même pénombre. C'est une belle vision de calme et de gravité. La figure féminine en robe verte, qui lui fait pendant, les mains jointes, est infiniment plus conventionnelle, bien que tout de même assez jolie.

Les quatre groupes des écoinçons représentent des personnages assis que leurs attributs nous désignent comme étant le peintre, le statuaire, le poète et le musicien. Nues ou habillées ces figures portent des ailes et elles ont dans la main des lyres. Peut-être dans cette décoration n'y a-t-il pas une seule figure de femme qui ne tienne sa lyre à la main. Vraiment il y en a trop. Ces lyres accentuent ce qu'il y a de conventionnel dans ces figures. Elles sont cependant assez élégantes et bien peintes. Les troncs lisses des pins, les échappées sur le bleu du ciel et les verdures des branches donnent à l'ensemble de la dignité, de la noblesse et une certaine force. Cette décoration est encore scolaire, mais elle est d'un joli arrangement, d'une certaine élévation de pensée et exécutée dans une gamme de tons très chaleureuse où dominent les rouges. Aucune vulgarité. On regretterait plutôt — notamment dans le plafond — une certaine élégance un peu fade.

On ne peut nier cependant que ce n'ait été pour l'artiste, dans le domaine décoratif, un très beau début et qui aujourd'hui encore lui fait grand honneur.

Sérénité (1897) et *Bucolique* (1901) marquent des étapes. Ce sont de vastes panneaux décoratifs dont l'exécution décorative n'est dépourvue ni de simplicité, ni de style, de virtuosité, dont la noblesse d'inspiration est indéniable, dont la couleur et l'éclat sont intéressants mais où se survivent des intentions poétiques et littéraires qui ne s'associent avec une impérieuse nécessité ni au sujet du tableau, ni au tempérament lyrique du peintre.

Dans *Sérénité*[1], auprès d'un ruisseau, parmi les troncs roux et dorés d'un Bois sacré, divers groupes de différents âges, vêtus de toges classiques, contemplent d'un air que l'artiste aurait voulu inspiré un vol léger de trois Muses qui passent en volant à travers les arbres, portant, elles aussi, une lyre que tient à bout de bras celle qui les conduit. Ce qu'il y a d'important dans ce tableau c'est sa couleur et son style simplifié, c'est l'impression de nature et l'atmosphère de beauté paisible. Ce qu'il y a d'ennuyeux, c'est l'air emprunté de ceux qui lèvent la tête et ces trois figures de Muses qui brandissent un accessoire.

Bucolique nous représente un autre coin du Bois Sacré où des bergers, des brebis, une femme qui allaite son nourrisson, et des faucheurs qui travaillent continuent sous les pins dorés parmi les

1. Musée du Luxembourg 1897.

derniers feux du couchant, leur bonne vie familiale et champêtre. Un poète à genoux et couronné de lauriers médite, tête baissée, devant ce spectacle recueilli et une *Muse* près de lui prenant son essor, brandit sa lyre et la présente à ces braves gens qui vivent heureux et tranquilles sans se préoccuper de cette apparition qui ne laisse pas d'être théâtrale.

Cette *Bucolique* marque la fin de la seconde existence de M. Henri Martin. C'est la dernière Muse qu'il ait peinte et la dernière lyre qu'il nous ait infligée.

Abstraction faite de ce personnage conventionnel et de cet accessoire de théâtre, *Bucolique* est une très belle composition et un magnifique tableau. Le sentiment de la nature commence à dominer nettement dans l'œuvre d'Henri Martin l'idéologie académique. Ce terrain qui monte vers notre droite, terre rouge d'automne parsemée de taches de verdures et qui, vers le haut du tableau, passe au jaune intense des blés que les paysans fauchent, les branches des pins aux troncs doux, certains coins de ciel bleu, tout forme une harmonie puissante, sincère et véridique.

Il y a aussi de grandes délicatesses de tons. La

Muse est lilas-rosé et le poète en robe bleu-sombre avivée de reflets rouges. Les moutons sont charmants, d'un accent juste, et vus par la coloration. La femme qui allaite est vêtue de gris-blanc très rosé d'une douceur puissante, et les paysans ont déjà le mouvement et l'accent de ceux qui allaient devenir les Faucheurs. Tout cela est simple, riche, magnifique, d'une belle exécution décorative. Il y a de l'unité, de la force et du style.

Dans son ensemble cette *Bucolique* prépare et annonce les *Faucheurs* qui marquent la libération totale. Le réaliste instinctif se révèle enfin. Une sorte de lyrisme grave et profond succède à des idéologies empruntées. Il faut reconnaître que l'évolution a été longue et traversée de vicissitudes. Mais aussi quels bénéfices moraux et matériels[1] aura valus à l'artiste de s'être reconquis lui-même!

Ce « métier » qui, dans ses figures volontairement idéalistes, devenait mince et pauvre[2], comme il s'amplifie, comme il s'enrichit, comme il prend

1. Musée du Luxembourg.
2. Dans le sens pictural.
3. M. Henri Martin, quand il en a l'occasion, rachète — pour les détruire, — les œuvres qui méritent ce reproche.

possession de la matière picturale, la malaxe, la pétrit, la distribue selon les sujets et les dimensions par touches petites ou grandes mais toujours avec justesse, avec puissance et presque toujours avec goût !

Toutes ces qualités d'énergie, d'éclat, de consistance et de fougue qu'on devinait plus qu'on ne les pouvait les constater à travers ses tableaux idéalistes, dramatiques ou poétiques, comme elles trouvent leur emploi quand elles sont subordonnées à des sujets pris dans la réalité !

A la grande Exposition d'ensemble de 1910, dans les galeries Georges Petit, dont le succès fut si grand, la plus grande partie de la carrière d'Henri Martin se trouvait représentée. On passait avec sympathie devant les œuvres anciennes, on ne s'arrêtait pleinement satisfait que devant les interprétations vastes ou petites de sa région natale, devant les sites urbains ou les paysages rustiques. Rappelons-nous les murs délabrés de petites maisons, blancheurs de chaux sous le soleil, les pergolas aux

Même de très grands tableaux — et qui ont exigé de lui beaucoup de travail — ne trouvent pas grâce aujourd'hui à ses yeux.

vignes vierges tout empourprées par l'automne, les ponts trapus, les petites églises du bord de l'eau érigeant sur le ciel bleu leur clocher quadrangulaire, les replis de terrain, le long ruban du ruisseau qui coule joyeux sous des reflets du ciel bleu, les petites filles près d'un bassin, visages riants, ensoleillés, et qui n'ont pas d'autre prétention que de dire le plaisir de vivre en plein air et en liberté! Aubes, crépuscules, chaleurs tropicales des pleins midis, reflets de lumière sur des ruisseaux, sur des murs blancs ou se jouant dans les verdures des peupliers, des cyprès ou des mélèzes, petites fumées sur le village, *Bords du Tarn*, l'*Étang de Berre*, études de paysans, de mendiants ou de fillettes, voilà quels sont les motifs qui permettent à Henri Martin de donner toute sa mesure.

Et il est tellement vrai qu'il est le peintre de sa région et qu'il n'a jamais trouvé que dans sa région natale l'occasion de s'exprimer tout entier et avec force que sa série de *Venise*[1] n'était belle que dans la mesure où elle ressemblait aux motifs qu'il était accoutumé à voir, à saisir et à magnifier dans son

1. Exposée en 1910.

beau pays natal. M. Henri Martin n'a pas vu ce qu'il y a de particulier dans l'atmosphère de cette ville, ce qu'il y a d'étrange et de somptueux dans ces architectures de marbre, et ce je ne sais quoi d'oriental sous un ciel italien. Il n'a pas essayé d'analyser le pourquoi et le comment de cette séduction. Il ne s'est pas attaché à l'individualiser. Il n'a pas su pénétrer la psychologie de ce ciel, de ces effets de lumière, de ces lagunes et de ces architectures. Il a regardé Venise à travers son Quercy natal. Il a vu des ciels et des eaux méridionales. Et il a fait tout de même de très beaux tableaux sur des motifs vénitiens, parce que ces motifs éveillaient en lui le même lyrisme instinctif que la forte et sereine beauté de sa région natale.

Dans cette exposition d'ensemble où les œuvres décoratives ne pouvaient être représentées que par leurs esquisses, ce qui était important, c'étaient les études et les tableaux faits sur nature, devant les sites qui avoisinent le charmant village[1] où M. Henri Martin travaille pendant une grande partie de l'année, dans une retraite laborieuse et paisible.

1. La Bastide du Vert, non loin de Castelfranc, dans le Lot.

C'est dans ces peintures que se révélaient toutes les grandes qualités d'Henri Martin : la sincérité scrupuleuse, l'émotion devant la nature, le don de voir par grandes taches puissantes et de transposer sur sa toile toute la vibratilité du soleil et de la lumière, la force, la consistance, la fraîcheur et l'éclat du ton.

LES DÉCORATIONS POSTÉRIEURES A 1903

A partir de 1903, averti sans doute par le témoignage de sa conscience autant que par le suffrage unanime de la foule, Henri Martin avait enfin pris pleine conscience de sa personnalité véritable, de ses moyens d'expression, de sa palette, de sa technique, des motifs qui lui étaient favorables et de son style. Il persévéra. En 1904, une vaste décoration pour la mairie de la ville de Marseille, représentait *le Travail*. C'étaient trois grands panneaux de dimensions égales, interprétant à nouveau les trois âges de la vie. Par goût de la symétrie peut-être, et aussi pour faire contraste, l'artiste a choisi ses personnages dans la vie citadine. Dans le panneau

principal, des ouvriers du port — si bien groupés,
qu'ils ressemblent à une fourmilière — déchargent
les vaisseaux dont les vergues s'entrecroisent sur
le ciel bleu en un lacis inextricable de filins, de
cordages et de mâts. Les uns portent sur leurs
épaules les lourdes corbeilles surabondantes de
richesses végétales les autres se penchent sur ces
corbeilles quand elles sont posées à terre. Un enfant
y plonge les mains. Des femmes regardent ou mar-
chandent.

L'un des panneaux de côté nous montre un autre
coin du port. On distingue des barques à l'ancre,
un avant de voilier au repos. Les collines qui
ferment le port de Marseille s'arrondissent sous le
ciel. Sur le quai des femmes portent des fardeaux,
et des écoliers, précédés de trois fillettes bien sages,
la tête penchée vers le livre où elles repassent
leurs leçons, passent graves et réfléchis.

Dans le dernier panneau, c'est un *Repos du
dimanche*. Encore un coin du port, les collines s'in-
fléchissent sous le ciel crépusculaire où apparaît la
rondeur lumineuse de la lune. Un ménage de
vieilles gens se promène précédé par une fillette qui
porte amoureusement sa belle poupée. Une famille

d'ouvriers, avec le nourrisson dans les bras de la jeune ménagère — et sa fillette s'accrochant aux plis du tablier bleu — les croise paisiblement.

Moins lyrique, moins ardente que le triptyque des *Faucheurs*, moins intimement liée à un paysage natal, ces trois peintures décoratives sont cependant très belles. Elles sont exécutées avec sérieux et avec puissance, elles sont magnifiques de couleur et d'éclat. Les personnages et les objets ont de la consistance. Ils sont vrais sans être, d'une exactitude mesquine. Un mouvement calme et sensible anime l'œuvre tout entière. On sent que l'artiste a peint avec amour dans leur belle lumière méridionale ces Marseillais qui sont à peu près ses concitoyens. Ce sont des êtres en plein air faisant des gestes très simples sous un ciel très éclatant. Ils ont trouvé chez cet artiste leur poète et leur ami. Henri Martin a exprimé la poésie du travail, de l'heure, du site, des couleurs et de la lumière, avec sobriété, avec force et avec calme. Il est cependant hors de doute que le travail citadin l'émeut moins profondément que les travaux des champs.

HENRI MARTIN

LA MAIRIE DU Xe ARRONDISSEMENT

Les Parisiens ont la chance de posséder dans la salle des mariages du Xe arrondissement un vaste panneau décoratif d'une qualité d'émotion, d'un éclat et d'une couleur admirables.

Le sujet en est extrêmement simple. Dans une chaude lumière d'automne, c'est une prairie [1] déjà très jaunissante près d'un ruisseau qui tourne et dans lequel se mirent des bouquets de feuillages verts et jaunes tandis que de très hauts peupliers limitent la vue sans la restreindre à l'excès et laissant apercevoir un peu de ciel d'un bleu magnifique pommelé de blanc. Quelques personnages — très importants mais non indispensables [2] — enrichissent ce paysage. Un paysan debout, en chemise gris-

---

[1]. M. Henri Martin a peint un grand nombre de ces vastes panneaux décoratifs qui trouvent ensuite leur destination au hasard des circonstances. On se souvient au Salon de 1911 des jeunes filles assises à contre-jour. Ses « Pergolas » sont très nombreuses. L'une des plus belles se trouve dans la salle à manger de M. Jules Segard à Tourcoing.

[2]. Dans la bibliothèque de M. Charles Stern ces personnages ont effet disparu et le tableau n'en est pas moins beau.

bleuté et pantalon jaune, s'appuie sur sa faulx et cause avec une femme également debout, tout en rose, et qui porte dans les bras un enfantelet en robe rouge vif. Une fillette en tablier bleu est auprès d'eux et joue avec sa poupée. On distingue vers la gauche deux autres silhouettes de paysans qui travaillent.

Rien de plus et c'est une œuvre décorative magnifique. D'abord, du point de vue peinture, il y a une sincérité évidente. Henri Martin a vu ce paysage. Il l'a aimé. Il s'est enivré de cette lumière, de ces jaunes, de ces verts, de cette atmosphère et de ce soleil diffus. Son crayon a délimité les masses avec le désir de simplifier et de magnifier. Les modelés ont été exécutés avec une préoccupation de vérité lumineuse et de consistance. A l'indication des taches s'est mêlé peu à peu une sorte de sentiment particulier de la matière propre à chacun des éléments qui conviennent à ce paysage : la terre, l'eau, les arbres, les feuillages riverains du ruisseau, le terrain gras de la prairie, les feuilles mortes qui jonchent le sol. Le peintre a individualisé chacune des parties. La terre battue du petit sentier n'est pas de la même matière que la terre sèche du talus

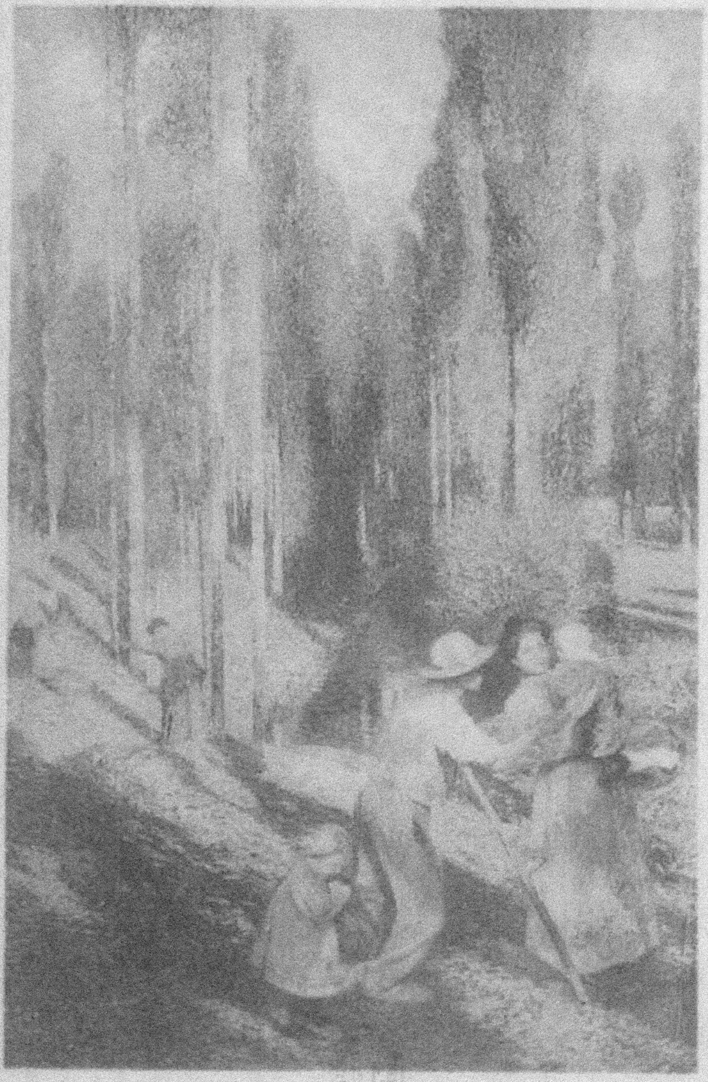

Cliché Crevaux

PANNEAU DÉCORATIF
(MAIRIE DU Xᵉ ARRONDISSEMENT)

HENRI MARTIN

en plein soleil ni que la terre plus humide des parties de ce paysage toujours à l'abri du soleil. Et cependant il n'y a pas excès d'analyse. C'est une synthèse. M. Henri Martin a travaillé d'ensemble à
toutes les parties du tableau. Il a exécuté avec joie,
avec ce petit frémissement que donne la trituration
d'une belle matière qui prend vie et corps sous les
doigts. En travaillant le peintre obéissait aux suggestions de la réalité, il se soumettait plus encore
à son instinct, à son tempérament de coloriste, à
la joie de vivre par ses yeux et de faire chanter tout
son panneau en donnant à la tache rouge de la robe
de l'enfant son maximum d'intensité.

Tout cela est chaleureux, vif, rustique et cependant dénué de vulgarité, très monté de ton, peint
largement et brillamment, d'un accent extrêmement
personnel, d'une vigueur, d'une fougue et d'une
intensité d'expression admirables. Ce n'est, certes,
ni subtil, ni raffiné, ni «poétique», mais comme cela
est logique et d'un lyrisme sain et franc! On pourrait dire de ce paysage qu'il est d'une superbe ani-
malité !

Du point de vue décoratif cela n'est pas moins
beau. Henri Martin a toujours eu l'exécution déco-

rative. Il voit par grandes masses et il transcrit simplement et largement ses visions. Aussi ce vaste panneau occupe-t-il pleinement et magnifiquement l'espace qui lui a été concédé, et il n'emprunte que de ses seules qualités picturales, sa richesse, son éclat et, pour ainsi dire, sa force d'expansion.

S'il y avait une réserve à faire, ce serait sur l'accord peu étroit entre la destination du lieu et le sujet du panneau. Pour trouver entre cette destination et cette peinture un lien, il faut supposer que l'artiste a voulu adresser un muet reproche aux provinciaux venus du midi de la France et qui viennent habiter et se marier dans ce triste quartier populaire de la vieille rue Saint-Martin. « Voilà donc, semble-t-il leur dire, ce que vous abandonnez! » S'il n'a point pensé à cela (ce qui est infiniment probable) il est à supposer qu'Henri Martin ne s'est préoccupé en rien de la destination de la pièce ni du monument pour lequel il travaillait[1]. Nous serons obligés de faire les mêmes remarques à propos du beau panneau décoratif exécuté sur le

1. Il m'a dit un jour : « Je ne suis jamais allé voir l'effet que cela produit sur place... » De la part d'un décorateur le mot m'a paru saisissant.

même motif[1] que celui que nous venons d'étudier et destiné à l'un des salons de réception de la maison de campagne ultra-élégante d'Edmond Rostand à Cambo. Belle en soi, cette peinture n'est pas à sa place dans le milieu pour lequel elle a été faite[2]. Peut-être pourrait-on faire la même remarque au sujet des quatre beaux panneaux exécutés pour la salle à manger parisienne de M. le D[r] d'Hubécourt. Ils représentent, eux aussi, des paysages méridionaux, des paysans et des chèvres.

On se rappelle enfin que le meilleur des panneaux que M. Henri Martin exécuta pour la nouvelle Sorbonne représente, parmi ses moutons, un berger appuyé sur sa houlette et qui contemple sous un magnifique ciel méridional les

1. Dans le même paysage les figures des paysans ont été remplacées par un couple de jeunes gens s'avançant le long du ruisseau. La jeune fille tricote. Le jeune homme joue du pipeau. Cette réminiscence à la Théocrite diminue plutôt qu'elle ne l'augmente la signification de l'œuvre.

2. Deux autres panneaux décoratifs d'Henri Martin ont été marouflés, au Palais de l'Élysée, dans le cabinet du Chef de la Maison Militaire. Ce sont des paysages méridionaux — magnifiques — mais qui ne s'accordent en rien avec la distinction du lieu.

derniers rayons du soleil qui se couche sur la mer.

Le peu d'intimité entre le sujet de l'œuvre décorative et la destination du lieu pour lequel elle a été faite est encore accentuée, à la Sorbonne, par la forme particulière — en arceau — de l'espace qu'on voulait décorer. Or M. Henri Martin ne s'est pas le moins du monde préoccupé de cette disposition architecturale. Il a pris un grand rectangle de toile à la dimension du mur et il a fait maroufler comme il eût fait accrocher un tableau de chevalet.

De ce point de vue M. Henri Martin n'est pas un grand décorateur. Il a l'exécution décorative, mais il ne faut pas lui demander d'assouplir ses conceptions à des architectures ou à des destinations. Il semblerait plus facile d'obtenir d'un architecte qu'il construise un édifice en accord avec les peintures d'Henri Martin qu'il ne semble possible d'obtenir de cet artiste qu'il s'adapte à une conception architecturale. Aux amateurs d'établir d'avance un rapport entre l'espace dont ils disposent et les peintures qu'ils se proposent de commander à cet artiste. Ceux qui connaissent son œuvre peuvent se représenter exactement le domaine où il excelle et dont il ne faut pas espérer qu'il puisse se dégager avec bonheur. C'est avant tout un peintre de sujets rustiques. Pour s'assurer de cette vérité il suffit de comparer mentalement aux *Faucheurs* le second triptyque destiné à lui faire équilibre au capitole de Toulouse.

Sous ce titre, les *Bords de la Garonne*[1] M. Henri Martin a voulu symboliser la vie intellectuelle et sentimentale de sa ville natale. Sur l'une des berges du fleuve, bordé sur l'autre rive par des maisons et des monuments, il a représenté quatre ou cinq groupes de personnages. La plupart sont des hommes qui se promènent en levant la tête vers le ciel. On reconnaît les gloires de Toulouse : M. Jaurès, M. Jean-Paul Laurens, M. Bellery-Desfontaines, M. Jean Rivière, et d'autres.

Isolés ou groupés, tous ces personnages lèvent la tête comme pour regarder si le temps est incertain ou la baissent comme s'ils avaient un sujet personnel de préoccupation. Ils ne donnent à aucun degré l'impression d'une vie intellectuelle. Ce sont des personnages et des silhouettes parfaitement bien peints et que l'on peut croire ressemblants. Il ne sont pas du tout représentatifs de l'éloquence, de

1. 1906.

l'art de peindre, de la philosophie ou de la pensée.

A la Sorbonne, de même qu'a Toulouse, ayant à couvrir deux espaces destinés à s'équilibrer, il a choisi d'abord le sujet qui convenait le mieux à son tempérament. C'est le panneau qui représente un berger auprès de ses moutons regardant un coucher de soleil sur la mer. C'est élémentaire et magnifique. Pour le second panneau — ne voulant pas se répéter — il a voulu représenter la vie intellectuelle.

Par bonheur il a placé ses personnages dans un paysage méridional au bord de la mer, dans un petit bois d'oliviers qui s'apparente au Bois sacré. Cette partie de l'œuvre est magnifique et simple. Mais, peut-être, dans l'esprit de l'artiste ce décor n'était-il pas l'essentiel. Dans ce paysage il a voulu représenter « la Pensée ». C'est pourquoi il a imaginé Anatole France debout, en vaste pardessus à pèlerine, et exposant à quatre ou cinq jeunes hommes groupés autour de lui quelque commentaire ingénieux. De ces cinq jeunes hommes il y en a trois qui penchent tragiquement la tête vers le sol et deux qui osent regarder le maître. A leur droite auprès d'un petit autel à Minerve (qui semble sortir du même carton à dessins où se trouvait déja

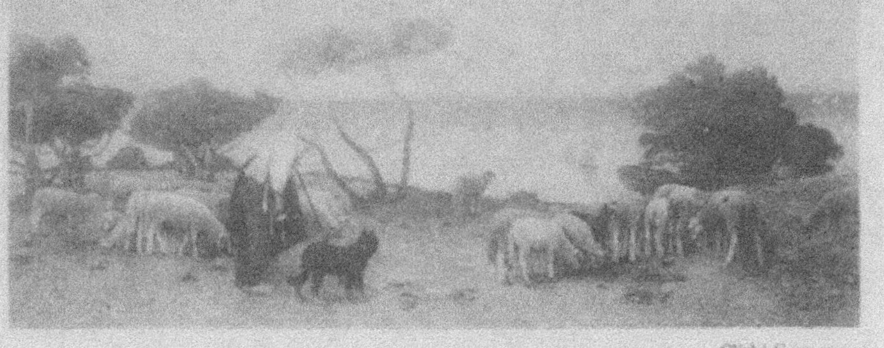

CRÉPUSCULE

Cliché Crevaux

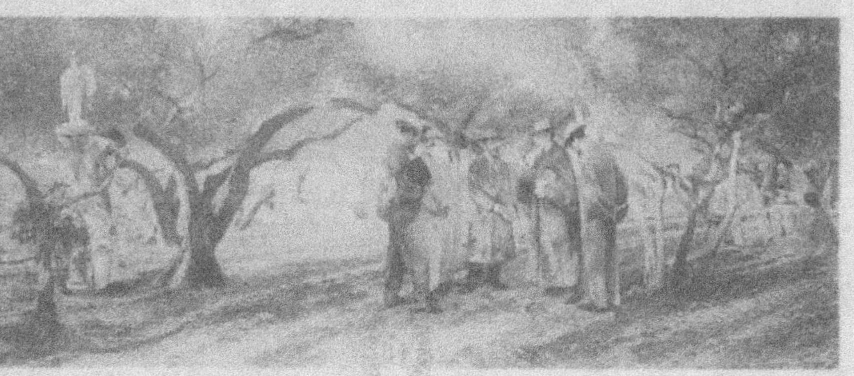

LA VIE INTELLECTUELLE

Cliché Crevaux

la Minerve sur colonnette de *Clémence Isaure et les Troubadours)* un autre disciple encore jeune, les genoux fléchissants, les cheveux épars, la tête baissée, semble échappé d'un désastre. Ajoutez encore un jeune homme étendu dans l'herbe tout de son long et qui lit, deux jeunes hommes et une jeune fille qui devisent sur un banc de pierre.

Je ne puis pas parvenir à trouver sur ces visages ni dans ces attitudes un reflet de vie intellectuelle. Ce sont des figurants sans vie intérieure. Ce qui donne du prix à cette belle peinture c'est la manière dont elle est exécutée, c'est la beauté du paysage, son harmonie, sa grandeur, sa couleur et son éclat. Les vêtements des personnages baignent dans une belle atmosphère, les visages eux-mêmes sont très bien peints. Il est impossible d'y découvrir une pensée. Henri Martin n'est pas le peintre de la vie intérieure.

CONCLUSION

Victoire de l'instinct sur l'éducation !

M. Henri Martin s'est donné beaucoup de peine pour acquérir une culture littéraire et philosophique, il a beaucoup lu les poètes et il a consacré beaucoup d'années et de tableaux à les célébrer. Cependant ce qui est vivant dans son œuvre, ce qui est durable et peut-être même immortel, c'est son lyrisme instinctif et le sentiment profond de certaines réalités. Ce qui donne à son tempérament de peintre et de coloriste sa personnalité, son accent et sa valeur propre, c'est son amour pour sa région natale, c'est la vive compréhension qu'il a des âmes élémentaires et de la vie de la terre, des arbres, des objets, des maisons rustiques et des ciels.

Toute sa culture d'autodidacte, toutes ses prétentions à l'idéalisme et à la pensée n'ont pas pu étouffer en lui les impulsions de la nature. Nous nous en réjouissons. Que nous importent les succès d'école, les médailles, les tableaux d'histoire et tout ce qu'il a emprunté à des lectures poétiques ou à l'enseignement compassé d'un Jean-Paul-Laurens?

Henri Martin n'est devenu un grand peintre qu'après avoir réussi à se libérer de l'enseignement de l'École. Pendant vingt ans il a été opprimé par la tradition académique. Ses erreurs persévérantes sont un argument décisif en faveur du régionalisme. Il n'est parvenu à se connaître lui-même et à nous donner des chefs-d'œuvres qu'après avoir retrouvé sa terre provinciale, ses compatriotes ruraux, sa maison de la Bastide du Vert et son atmosphère natale.

De ce point de vue, sa carrière peut offrir à la jeunesse un exemple salutaire. Dépouillée de ses accessoires, de ses « muses » et de ses « lyres », son œuvre est d'une beauté sobre et magnifique.

AMAN-JEAN

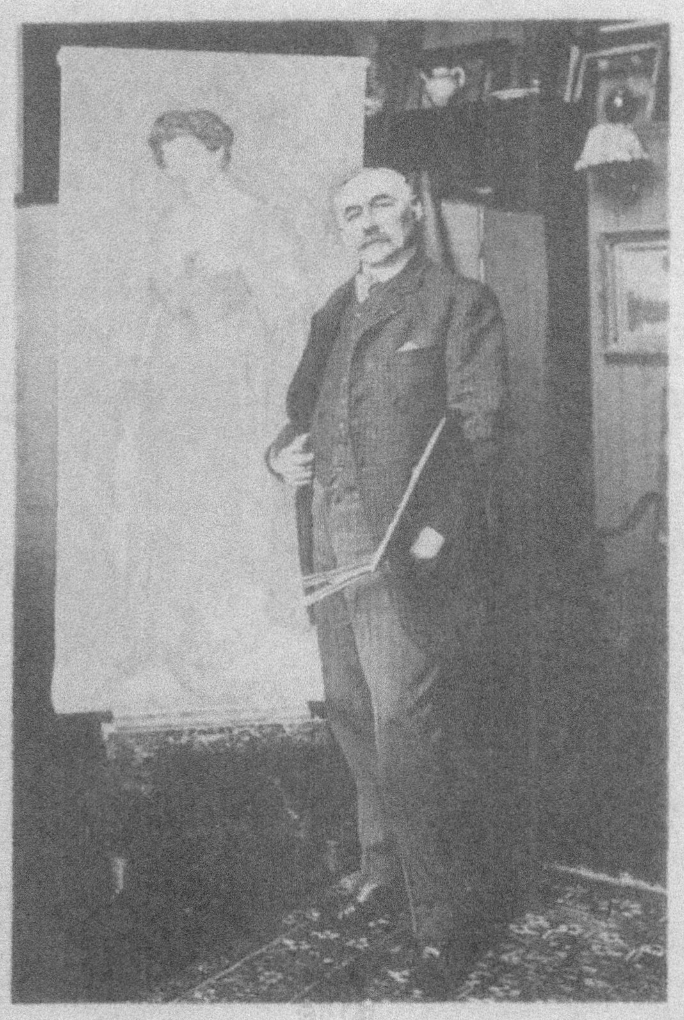

AMAN-JEAN

AMAN-JEAN

J'entends encore Besnard me dire : « Même si vous faisiez abstraction des décorations proprement dites qu'a exécutées Aman-Jean, vous devriez encore lui faire une place dans votre livre. Dans toutes ses œuvres, et à un degré éminent, il a le sens décoratif. »

A mes yeux le propre de la peinture « décorative » est d'avoir été conçue et exécutée pour un espace déterminé, de prendre sa place définitive dans un ensemble architectural en se subordonnant à son caractère, à sa destination, et en s'adaptant à lui si étroitement qu'elle ne puisse en être arrachée sans que se trouve diminuée la signification générale de l'édifice et la beauté personnelle de l'œuvre elle-même.

C'est par conséquent par ses œuvres décoratives

pour la Sorbonne ou pour le Pavillon de Marsan que M. Aman-Jean prend sa place dans ce livre consacré aux peintres décorateurs.

Cependant, s'il y avait un artiste qui pût rendre sensible ce qu'il peut y avoir d'insuffisant dans la définition que je me suis imposée, ce serait M. Aman-Jean.

On objecte souvent que certains artistes possèdent les qualités du décorateur, les manifestent dans leurs tableaux mais n'ont jamais eu l'occasion de travailler pour un espace déterminé. C'est avouer en même temps qu'ils n'ont jamais eu l'occasion de se révéler, à proprement parler, des peintres décorateurs. Si l'on abandonne les généralités pour tâcher de préciser quelles sont les qualités propres à tel ou tel genre de peinture, on se trouvera bientôt obligé de faire quelques distinctions importantes. La conception décorative implique un rapport direct entre la destination imposée à l'artiste et l'idée ou le sentiment que le peintre veut faire surgir d'un espace déterminé. L'exécution décorative, envisage le sujet par les masses, procède par grandes taches, supprime les détails, exige du recul, et subordonne tous les moyens d'exécution à la simplicité et à la clarté d'un enseignement (fût-il purement plastique) destiné à des collectivités plutôt qu'à des individualités. Le sens décoratif enfin, par des moyens purement plastiques, plus particulièrement par les prolongements invisibles de son arabesque, établit une continuité entre l'œuvre peinte et le lieu où elle est placée, irradie au delà des limites matérielles du cadre, influe sur les surfaces environnantes, les enveloppe, et crée autour du tableau une sorte d'atmosphère qui empêche que l'œuvre puisse jamais paraître comme concentrée sur elle-même et isolée du reste du monde [1].

A notre époque, et plus particulièrement au Salon d'Automne ou aux Indépendants, on voit en grande quantité des tableaux de chevalet d'exécution décorative.

L'idée ou le sentiment d'où procède le tableau étant le plus souvent sommaire et quelquefois

---

1. Certains tableaux de chevalet de M. Jean-Paul Laurens, si nettement et volontairement délimités par des lignes géométriques qui souvent se coupent à angle droit, me paraissent le prototype du tableau qui semble se ramener sur lui-même pour éviter toute relation avec ce qui l'entoure.

rudimentaire, le peintre emploie d'instinct l'exécution décorative dont les simplifications s'accordent si naturellement avec la rapidité des ses observations sur la nature, la pauvreté de son émotion et l'indigence foncière de son coloris parfois éclatant. L'exécution décorative, surtout quand elle s'emploie pour des tableaux de chevalet, n'est pas toujours le signe d'un penchant naturel de l'artiste pour la peinture décorative.

Le sens décoratif, au contraire, est une qualité de l'esprit qui trouve son application en toutes circonstances, à propos de n'importe quel sujet, qu'il s'agisse d'un objet ou d'un tableau, d'une forme de vase ou d'un arrangement dans un intérieur. Dans une certaine mesure il se confond avec le sens de la relativité. C'est une projection et un prolongement de la sensibilité. Non seulement l'artiste cherche en poursuivant la réalisation de son tableau à établir un accord direct entre l'œuvre en formation et sa propre sensibilité, mais il est entraîné par je ne sais quelle impulsion intérieure à vouloir dépasser les limites matérielles de sa toile pour créer autour de son œuvre une atmosphère favorable. Il ne conçoit pas son tableau comme une œuvre isolée et destinée à être vue isolément. Il l'imagine d'avance faisant partie d'un intérieur public ou privé, et se mettant en relation avec les autres objets, se subordonnant déjà dans une certaine mesure à l'ensemble dont il fera partie et contribuant à une harmonie dont il n'est pas le seul élément. C'est l'une des manifestations du sens de la sociabilité. Un peintre illustre me disait : « Dans un intérieur je déteste qu'on place une de mes peintures à côté d'un tableau d'Aman-Jean. Il a une façon de se présenter, une sorte d'arabesque flexible et enveloppante qui donne à mes tableaux je ne sais quoi de sec. »

Le sens décoratif est en effet l'une des qualités essentielles de M. Aman-Jean et il est permis de dire qu'il était décorateur, par tempérament, avant d'avoir eu l'occasion de s'essayer dans la peinture murale proprement dite.

LE PORTRAITISTE

Le goût de l'arrangement, la combinaison subtile des lignes, l'enroulement et le déroulement de l'arabesque, la grâce flexueuse du mouvement et le charme des accords de couleurs ou des contrastes de tonalité jouent un rôle très important dans les portraits de M. Aman-Jean.

C'est un portraitiste en ce sens qu'il s'attache à comprendre et à expliquer la personnalité du modèle. C'est par conséquent un psychologue et, dans une certaine mesure, un philosophe. Il devine en quoi la construction de la tête et l'aspect général de la personnalité physique peuvent être révélateurs de la personnalité morale il distingue dans les traits du visage ceux qui sont essentiels, et dans les expressions de physionomie celles qui sont révélatrices d'un état d'esprit permanent il pressent l'état de sensibilité, il devine à certains indices si c'est la volonté ou la raison, si c'est la sensibilité nerveuse ou l'élan sentimental qui dans les décisions éventuelles déterminent le choix de l'une ou de l'autre solution possible. Devant chacun des modèles qui posent devant son chevalet il a pour ainsi dire des antennes morales qui lui permettent d'entrer en communication psychique avec l'âme même de certains de ses modèles et de saisir au delà de l'enveloppe extérieure les mouve-

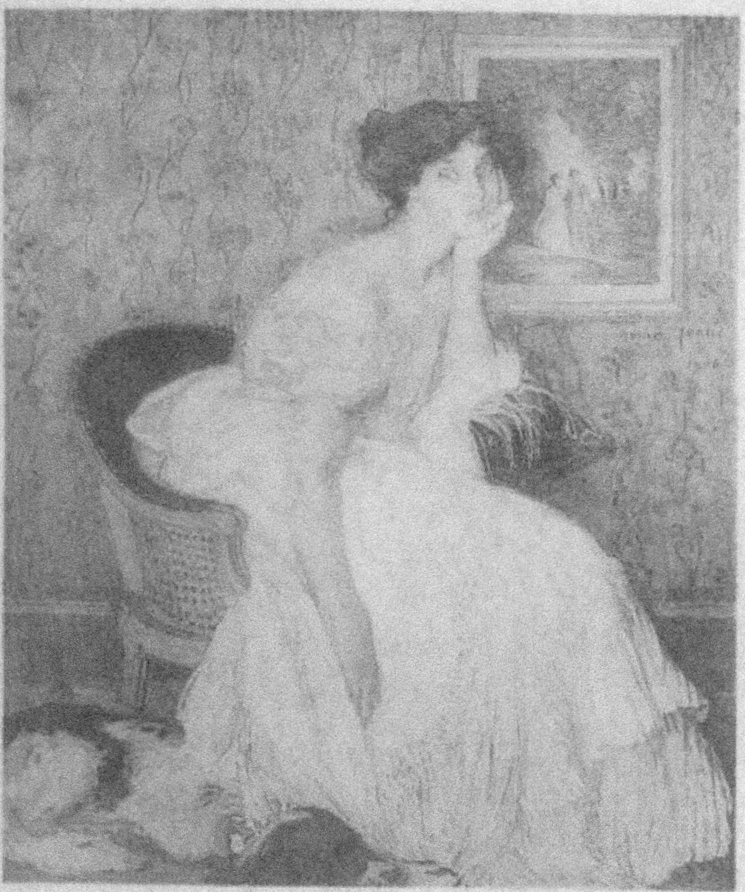

Cliché Vizzavona

PORTRAIT DE MISS HELLA C.

ments de la vie intérieure et le trésor obscur des sentiments héréditaires. Nous portons tous sur notre visage le reflet de nos tendances d'esprit, de nos sentiments généraux, de nos habitudes professionnelles et, par conséquent, dans une grande mesure, le reflet de nos joies et de nos douleurs passées.

A mesure qu'il étudie, qu'il contemple, qu'il travaille, M. Aman-Jean se fait de son modèle une opinion individuelle et de la catégorie sociale dont il fait partie une opinion générale. Il éprouve une émotion psychologique, et il cherche le moyen de la transcrire avec précision.

De très grands peintres se sont contentés d'interroger les visages et nous ont laissé des masques d'une intensité de vie extraordinaire[1]. D'autres n'ont pas voulu se restreindre exclusivement à cette étude. Ils n'ont pas voulu faire le sacrifice des attitudes propres au modèle, des mouvements qui lui sont habituels ni de la façon de s'habiller ou de se tenir debout ou assis. M. Aman-Jean a toujours aimé à considérer ses modèles dans leur

---

1. Ce sont ces artistes là qui sont, plus exclusivement que les autres, des portraitistes. Je pense en ce moment aux masques de La Tour et à certaines effigies du vieil Holbein.

ensemble. Le choix d'une robe, le mouvement des bras ou des jambes, une attitude rigide ou penchée, une main fine qui joue avec une rose ou un pied mutin qui a l'air de s'échapper hors d'une mule de satin lui paraissent presque aussi caractéristiques d'un état d'esprit qu'une expression de visage.

Encore ces détails, en apparence secondaires et qui lui paraissent à juste titre importants, peuvent-il, à ses yeux, se compléter par d'autres détails qui contribuent à donner du modèle une impression personnelle et caractéristique. Donner au portrait une atmosphère qui lui soit particulière, replacer le modèle dans un décor qui plaît au peintre, — que ce soit en plein air ou dans un intérieur — lui restituer entre les mains ou placer à côté de lui l'objet qui est habituel et qui devient significatif de ses occupations ou de ses préférences, tel est encore un moyen de préciser la personnalité et d'enrichir la vision.

C'est par le choix de ces détails et par le parti qu'il en tire, que se manifestent le goût inné de l'arrangement et le « sens décoratif » par lesquels des portraits par M. Aman-Jean deviennent des har-

monies subtiles et complexes où des éléments
très divers concourent à une impression d'ensemble.

LA VÉRITÉ SUBJECTIVE

Quant aux accords de couleur, le peintre les imagine aussi en accord avec l'opinion qu'il s'est faite
de son modèle. Cela tient de la symbolique autant
que de l'observation. Il est indéniable qu'il copie
la réalité, mais on sent bien qu'il s'intéressera
d'autant plus à la transcrire fidèlement qu'il aura
choisi ou du moins approuvé la robe de son
modèle, l'attitude qu'elle aura prise, le mouvement
des bras et des jambes, l'inclinaison de la tête ou le
contraste du chapeau avec le reste de la toilette. Le
travail de la composition — avant le premier coup
de crayon — est déjà un travail de coloriste.
Le peintre cherche les accords de couleur dont il
tirera des effets en accord avec la personnalité du
modèle. Pendant tout le travail d'exécution il cher-
chera à préciser et à conserver cet accord. Il y a
des hommes qu'il a vus en noir et brun, des jeunes
femmes qu'il a vues en rose et noir, et l'on sent

très bien que ces rapports de tons s'associent constamment dans l'esprit du peintre à l'opinion qu'il
s'est faite de la personnalité physique et de la personnalité morale de son modèle. Si subtil que cela
puisse paraître, je crois sentir que pour se préciser
à lui-même le souvenir d'un modèle il revoit en
imagination un accord de bleu et de vert ou un
accord de rose et de noir, plus volontiers encore
qu'il ne se rappelle la construction du visage ou
telle expression de physionomie. Ajoutez que « le
fond » dépend entièrement du choix du portraitiste et que M. Aman-Jean a toujours considéré ce
fond comme une ressource des plus importantes et
dont il lui appartient d'obtenir des effets particuliers. M. Aman-Jean pense par des couleurs au
moins autant que par des lignes ou des volumes. Sa
mémoire visuelle est celle d'un coloriste. Toute sa
sensibilité est celle d'un coloriste. Quand il peint
devant le modèle, il s'attache, certes, à reproduire
fidèlement les accords de tons que lui offre la nature,
mais comme on sent que son émotion vivifie et
transfigure la vision que lui offre la réalité ! Il veut
être un réaliste, il observe, il se soumet. Il voudrait pouvoir transcrire exactement ce qu'il voit,

mais il ne peut regarder qu'à travers ses yeux, il ne
peut éprouver que par l'intermédiaire d'un réseau
nerveux qui est le sien et qui ne ressemble à aucun
autre, il ne peut sentir qu'à travers la transfiguration que fait subir à tout spectacle l'imagination et
qui transfigure toute sensation au moment même où
elle en prend conscience. Copier la vérité ! M. Aman-
Jean a beau faire. Il ne pourra jamais copier que *sa*
vérité. Toute son humilité devant la nature, toute son
abnégation devant la réalité objective, n'empêche-
ront jamais que sa vision soit infiniment plus complexe, plus délicate, plus riche et plus ardente que
la vision des autres hommes qui ne sont pas doués
à cet égard comme il l'est. Peindre la réalité ? c'est
trop peu. Il peint son émotion devant la réalité. Il
s'exprime lui-même à travers ses modèles et il
atteindra d'autant plus sûrement à la ressemblance
profonde et essentielle que le modèle sera lui-
même plus sensible, plus intellectuel, plus délicat, et qu'il y aura par conséquent entre l'artiste et
le modèle communauté plus intime d'esprit ou de
sensibilité. Comme tous les grands peintres il peint,
à propos de son modèle, l'image qui, à travers ses
yeux, se reflète dans son imagination. Ce n'est pas

au peintre de se conformer à l'image sommaire que se fait des êtres et des choses le public qui aime la peinture « exacte ». Il vaut mieux que ce soit le public qui s'élève jusqu'à comprendre les hommes et les choses vues à travers le tempérament d'un artiste bien doué.

Faut-il en conclure que M. Aman-Jean, bien que portraitiste, n'est pas susceptible d'exécuter avec un égal bonheur tous les portraits qu'on lui commande ? Il se peut. Mais je me demande de quel portraitiste ancien ou moderne, on ne pourrait pas en dire autant ? Titien eût-il été capable de peindre la Simonnetta ? Botticelli aurait-il pu peindre la plantureuse Flora ? C'est l'erreur, hélas, très commune de ceux qui commandent leur portrait, que de ne pas se connaître eux-mêmes et de ne pas connaître non plus les qualités essentielles de l'artiste auquel ils s'adressent. Il n'y a jamais eu de peintre universel. Le talent d'un artiste a ses limites comme en ont l'intelligence ou la sensibilité humaines. Parce qu'il a peint de très vigoureux portraits d'hommes, M. Bonnat est-il capable d'interpréter la grâce légère d'une jeune fille dont il semble que l'âme affleure jusqu'à ses yeux ? Tel autre, qui peut saisir sur le vif le mouvement preste des gens éphémères qui passent dans la vie comme des ombres agitées, pourra-t-il jamais comprendre les grands mouvements intérieurs des âmes solitaires, ardentes, et rassemblées sur elles-mêmes?

M. Aman-Jean a peint quelquefois des portraits d'homme. Il était impossible qu'il ne les peignît pas avec le plus grand talent. Il les a peints ressemblants, d'une belle couleur et d'un bel arrangement. Nul ne pourra cependant trouver dans ces portraits la synthèse de son talent [1]. Ce sont ses portraits de jeunes filles et ses portraits de jeunes femmes, ce sont les grâces délicates de la jeunesse en fleur, ce sont les visages pensifs où passe une ombre de tristesse, ce sont les beaux visages ardents que voile un peu de mélancolie qui donnent à ce peintre exquis l'occasion de déployer toutes ses qualités de grâce, de charme, de puissance et d'éclat assourdi.

Pour mettre en valeur ces jeunes visages M. Aman-Jean découvre des ressources innom-

---

1. Quelques portraits de jeunes hommes, surtout quand ils ont gardé quelque chose des grâces de l'adolescence, ont été l'occasion, pour ce peintre, de très belles œuvres d'art.

brables. Retournez au Petit-Palais[1], voir le portrait de la *Dame en rose*, promenez-vous au Musée de Dijon, au Pavillon de Marsan ou souvenez-vous de tels ou tels autres portraits en des parcs ou des intérieurs que vous avez pu voir aux Salons annuels. Devant ces portraits on devine presque toujours la parfaite ressemblance physique, mais on sent aussi que le peintre a eu l'ambition que cette ressemblance aille au delà des traits du visage pour devenir significative d'un je ne sais quoi d'intime et de profond. Ces portraits nous attirent, nous retiennent. Et par quels procédés? par une délicatesse extrême, par une richesse magnifique dans la notation des tons et dans les accords de couleurs.

Retournons ensemble au Petit-Palais. Le grand portrait qui s'y trouve a été exécuté d'après une jeune Anglaise qui recevait chez le peintre l'hospitalité. Elle est représentée assise, en robe et corsage roses. Dans le bas de la jupe, sont appliqués deux volants aux plis presque plats. Les jambes sont enveloppées d'un châle espagnol blanc avec de longues franges. Elle est assise dans un fauteuil de

1. De la Ville de Paris.

bureau de style Louis XV en bois gris cannelé, avec des accoudoirs de cuir brun. Les cheveux sont blond cendré. Ils sont relevés et dégagent le front laissant en pleine lumière le jeune visage aux traits fins où les yeux gris bleu et la bouche rose sont les accents principaux. La main gauche soutient le menton. Le coude s'appuie sur un petit coussin vert-pâle posé sur l'accoudoir. L'autre main retombe presque jusqu'à terre. Elle regarde le spectateur. L'épaulette du corsage rose retombant sur le bras droit laisse à nu l'épaule droite et la ligne charmante de la clavicule maigre, du cou gracile. Dans ce visage, cette épaule, ce bras et cette main, pas une ligne, pas un trait, pas un modelé qui ne soit significatif. On sent une créature juvénile, infiniment gracieuse, sensible, délicate, ardente et fine. Quelle grâce! quelle juvénilité! De quelque point qu'on veuille saisir l'arabesque, elle court, se déroule, revient et repart. Pas un angle droit, pas une dureté et cependant pas la moindre fadeur. C'est une vision de grâce flexible et de délicatesse extrême, d'observation sincère, et vivifiée par des accents énergiques et justes. Les modelés sont suffisants pour donner l'illusion du vrai. Ils sont assez peu appuyés pour ne pas détourner sur l'enveloppe matérielle, l'attention que le peintre a voulu concentrer sur la personnalité morale. C'est un chef-d'œuvre. Les accords de couleur sont extraordinairement fins et justes. Ce sont des tons de fleur et qui cependant ne cessent pas d'être exactement ce qu'il doivent être, ici un visage, plus loin un coussin, ailleurs une robe ou un châle. Il y a beaucoup de détails (par exemple les moires du châle espagnol), mais ils sont tellement fondus dans l'ensemble qu'il faut des yeux exercés pour les remarquer. Tout s'harmonise, tout s'estompe, et cependant tout est juste et d'un accent viril.

Quant au sens décoratif, il est purement délicieux. Cette jeune fille en rose se détache sur un mur gris vert qui semble se prolonger au delà des limites du cadre. Elle pourrait se lever et marcher, si gracieuse que chacun de ses mouvements éveillerait une harmonie nouvelle digne d'être fixée par un autre portrait. Sa jeunesse rayonne et l'intérieur discret[1] où elle est représentée semble

[1]. Le tableau a été fait dans l'intérieur familial du peintre. On le sent. On en respire l'atmosphère.

vivre à cause d'elle et rayonner comme elle sur tout ce qui l'entoure. Les arabesques dont se composent ce portrait et cet intérieur semblent se prolonger au-delà du cadre et se mêler aux vibrations de la lumière et de l'atmosphère.

Cette façon de comprendre la représentation des êtres vivants est à proprement parler de l'art décoratif. C'est un composé précieux. Un parfum de jeunesse s'exhale de ce portrait de jeune fille comme d'une rose vivante et qui n'est pas encore entièrement épanouie.

LE SENS DE LA RELATIVITÉ

Un je ne sais quoi de mélancolique, une vague tristesse d'autant plus pénétrante qu'elle s'exhale d'harmonies plus délicates, flotte autour de la plupart des portraits de M. Aman-Jean. Il semble que cet artiste, à l'instant même où il se délecte d'une vision heureuse, songe qu'elle va dans un instant se défleurir, se décomposer et lui échapper pour toujours. Ce sens de la relativité qui donne à tout son œuvre son accent décoratif lui donne aussi un accent de bonheur désabusé.

Jouir des biens de la vie en ne perdant jamais la sensation qu'ils nous échappent à tout instant, c'est en jouir peut-être avec une intensité plus grande, avec un je ne sais quoi de fébrile et de passionné, mais cette ardeur est toute pénétrée d'une sorte de nostalgie. En chacun de nous, et plus particulièrement pour tout ce qui concerne l'ordre sentimental, préexiste un désir de stabilité sinon d'éternité. Quelques-uns, même à la minute d'enivrement, ne peuvent écarter le sentiment de la destruction perpétuelle qui délite tout objet sur quoi se fixe leur élan sentimental. En même temps qu'ils s'enivrent d'un accord de tons ils sentent que la lumière va changer et qu'ils n'auront pas le temps de la fixer pour l'éternité sur leur toile. En même temps qu'ils respirent l'odorante beauté d'une rose, ils gardent le sentiment qu'elle commence à se faner. A la minute où ils s'enivrent de la beauté d'une jeune fille qu'ils tiennent un instant en leur possession dans une étreinte du regard, ils sentent qu'elle va s'échapper vers d'autres vivants, en d'autres milieux, échanger d'autres regards et perdre jusqu'au souvenir de cette minute d'intimité. Je sens bien tout ce que cette tristesse peut comporter de volupté. Certaines âmes jouissent d'autant plus des moments heureux qu'elles sentent que ce bonheur est insaisissable. Leur plaisir a quelque chose de crispé, un je ne sais quoi d'éperdu. Toute leur sensibilité s'émeut pour saisir l'instant que leur accorde la destinée, et se recueille ensuite dans la solitude pour se délecter lentement et silencieusement par la magie du souvenir que renouvellent et compliquent les caprices de l'imagination.

Dans l'œuvre de M. Aman-Jean on sent presque toujours cette ardeur passionnée, cet élan qui rassemble dans un regard toute la sensibilité nerveuse et sentimentale et qui se propage par grandes ondes sentimentales jusqu'à l'extrémité des doigts vibratiles qui tiennent un pinceau ou un crayon. On sent aussi l'arrière-pensée toujours présente de la fragilité de tous ces accords sentimentaux et de la vanité de tous les bonheurs humains.

LE SUCCÈS PAR L'ÉLITE

Peut-être faut-il chercher dans cette disposition d'esprit, dans cette nuance particulière de sensibilité, le secret de la résistance qu'une partie du public a opposée pendant si longtemps à l'art de M. Aman-Jean. La foule aime les affirmations. Elle se compose d'individus de sensibilité moyenne. Elle déteste par conséquent les raffinements psychologiques ou visuels. Quand il s'agit de tableaux elle aime avant tout le sujet, et elle préfère qu'il soit dramatique, satirique ou pittoresque. Elle veut comprendre entièrement et tout de suite. Entre une charge de cavalerie exécutée de pratique par un habile homme ayant le sens du détail pittoresque et la vision d'artiste qui, dans chaque sujet, voit avant tout l'harmonie des lignes, l'intensité des tons locaux, le jeu des valeurs les unes par rapport aux autres, et la qualité de l'expression morale rendue sensible par des moyens picturaux, le choix du public ne peut pas être douteux. Il préférera tout de suite le sujet pittoresque et les couleurs arbitraires pourvu qu'elles soient « jolies » et gaies.

Même parmi les amateurs il en est peu qui soient sensibles — indépendamment du sujet — à la beauté proprement picturale d'un tableau. Une longue culture et une certaine faculté d'observation personnelle sont indispensables pour que puissent se présenter en même temps à l'esprit les caractéristiques essentielles du motif de nature que le peintre a choisi pour modèle et la transformation qu'a subie ce motif en passant à travers l'imagination ou le cœur de l'artiste, à plus forte raison pour juger de quelle qualité se révèlent à travers ses tableaux son émotion picturale et sentimentale.

Encore, parmi ces amateurs parvenus à un degré de culture extrèmement rare, en est-il beaucoup que rebute une conception de l'univers visible qui comporte beaucoup plus d'inquiétudes que de certitudes péremptoires et beaucoup plus de recueillement que de joie tumultueuse.

La réputation de M. Aman-Jean ne pouvait donc s'établir que lentement et par l'élargissement progressif d'une élite d'admirateurs[1] se recrutant les uns les autres.

M. Aman-Jean observe la vie avec le sens particulièrement affiné qu'il doit à la nature et à une longue éducation. Il la regarde à sa manière et il a inventé, pour exprimer ses états de sensibilité, un

1. L'un de ces premiers admirateurs a été M. Maciet « modèle des Amis du Louvre » et qui entre autres dons innombrables à quantité de musées de Paris et de province a offert au Petit-Palais le portrait rose de 1906 et plusieurs dessins.

dessin et une couleur qui lui sont propres. Ce sont
les deux éléments essentiels de ce qu'on appelle
aujourd'hui « la personnalité ». Il ne ressemble à
personne. Il n'imite personne. Sa conception de
l'univers et ses moyens d'exécution lui appartiennent en propre. C'est un peintre original. Il
était naturel que le public demandât longtemps
pour s'habituer à ce qu'il apportait de neuf.

Que cette vision du monde ne soit pas d'une
ampleur sans limite, qu'elle ne puisse se comparer
ni en étendue ni en profondeur avec celle des
Titans de la peinture : Michel Ange ou Léonard,
Rembrandt, ou Poussin, voilà ce que je ne dénie
point. L'œuvre de M. Aman-Jean se rassemble sur
des visions délicates et neuves plutôt qu'elle ne se
déploie en de vastes visions embrassant tous les
spectacles de la vie.

LA FORMATION LITTÉRAIRE

Il se peut que cette personnalité soit pensive, un
peu dolente, encline à préférer en toutes choses
la nuance rare, l'accord imprévu des tonalités, le

caractère grave et méditatif, il se peut que
M. Aman-Jean aime à laisser se pénétrer de tristesse ses plaisirs d'observateur attentif et ses vo-
luptés de visionnaire imaginatif. Il se peut enfin
qu'il subordonne tous ses motifs à son propre état
de sensibilité. Je ne vois pas que cette constatation
puisse diminuer son mérite.

Les poètes ont toujours été le reflet de leur
époque. Il en est de même pour ceux d'entre les
peintres qui sont des poètes. Quels sont ceux parmi
les artistes d'aujourd'hui qui osent traiter les
grands sujets? A peine en citerait-on deux ou trois.
C'est l'un des caractères de la génération de
M. Aman-Jean que d'avoir préféré pendant leur jeunesse la délicatesse à la puissance. Encore est-il à
remarquer que la plupart des artistes qui atteignent
aujourd'hui la pleine maturité et qui se haussent
progressivement jusqu'aux grandes ambitions se
sont, au début de leur carrière, rassemblés sur eux-
mêmes dans une sorte de recueillement pensif.

Ce serait une erreur de croire que les peintres,
surtout quand il sont d'une sensibilité particulièrement affinée, peuvent échapper à l'influence de

l'atmosphère où ils vivent. Les premiers poètes que M. Aman-Jean ait aimés[1] sont ceux qui reflétaient avec le plus de délicatesse et le plus d'intensité l'état d'esprit de la jeunesse aux environs de 1890. Il aima avec passion Barbey d'Aurevilly, Villiers de l'Isle-Adam, *la Chartreuse de Parme* et le Flaubert de *Saint-Julien l'Hospitalier*. Il connut quelques-uns des poètes qui, soulevés de dégoût contre le réalisme des naturalistes et contre le prosaïsme de François Coppée, instauraient le culte éperdu de l'idéal, revendiquaient les droits de l'imagination et, dans un tumulte incessant de proclamations théoriques, de fondations de jeunes Revues et de diners révolutionnaires, instauraient un nouveau mouvement littéraire qu'on désigne aujourd'hui sous le nom de « Symbolistes et Décadents ». Verlaine fut entre tous son poète préféré[2]. En relisant les vers délicieux qui, à cette époque, chantaient dans la mémoire de tous les

1. M. Aman-Jean est né en 1860.

2. Aman-Jean alla le voir à l'hôpital Broussais et fit de lui en 1890-91 deux portraits. L'un a été volé et n'a pas été retrouvé. Le second est en la possession de M. Jules Case. Le journal *l'Artiste* a publié d'après ce portrait une lithographie exécutée par l'artiste.

jeunes gens, Aman-Jean apprenait à se mieux connaître lui-même :

> « Je suis l'Empire à la fin de la Décadence
> Qui regarde passer les grands Barbares blancs
> En composant des acrostiches indolents
> D'un style d'or où la langueur du soleil danse... »

A la lueur restreinte de la lampe familière, il lut et relut les *Romances sans paroles*, *Sagesse* et surtout ces exquises *Fêtes galantes* :

> Tout en chantant sur le mode mineur
> L'amour vainqueur et la vie opportune
> Ils n'ont pas l'air de croire à leur bonheur
> Et leur chanson se mêle au clair de lune.
>
> Au calme clair de lune triste et beau
> Qui fait rêver les oiseaux dans les arbres
> Et sangloter d'extase les jets d'eau,
> Les grands jets d'eau sveltes parmi les marbres...

Voilà dans quel état d'esprit vivait une partie importante de la jeunesse littéraire et artistique aux environs de 1890. L'art poétique de Verlaine était une sorte de credo :

> Pas la couleur, rien que la nuance.
> Ah ! la nuance seule fiance
> Le rêve au rêve et la flûte au cor...

M. Aman-Jean aimait la littérature [1] et plus particulièrement les poètes. Il les a toujours aimés. Ne
nous étonnons point, par conséquent, qu'il ait
développé peu à peu sa personnalité en accord avec
les influences poétiques qui s'exerçaient autour de
lui et qui s'harmonisaient si intimement avec son
tempérament particulier. Il était né coloriste, mais
Verlaine semblait avoir pressenti les aspirations de
toute une partie de la jeunesse, quand il avait for-
mulé les préceptes qui furent ceux de toute une
génération :

« Pas la couleur, rien que la nuance...

[1]. Il s'essayait même parfois à noter par les mots des
sensations colorées. J'ai retrouvé par hasard un article signé
de lui dans un numéro daté du 19 novembre 1890, d'une
revue artistique qui n'eut que quelques numéros : *L'Art
dans les deux mondes*. L'article était intitulé « Puvis de Chavannes ». On s'étonnera moins, sachant cela, que quelques
années après, il ait écrit un petit livre sur Vélasquez.

LA FORMATION ARTISTIQUE

En 1879, c'est-à-dire quand il eut dix-neuf ans, M. Aman-Jean obtint de ses parents l'autorisation de devenir un peintre et il se fit inscrire, à l'École des Beaux-Arts, dans l'atelier de Lehman. Hébert et Luc-Olivier Merson furent aussi ses professeurs, mais ce fut Lehman qui fut le véritable maître. Ce peintre, illustre à cette époque, avait été l'élève d'Ingres. Il aimait les sujets « bien composés », se préoccupait avant tout de « la ligne » et il exigeait de ses élèves travaillant devant le modèle une construction solide et des contours parfaitement nets. Cet enseignement « linéaire » était en contradiction[1] absolue avec les aspirations encore confuses du peintre qui devait devenir avant tout un coloriste et un notateur de nuances sentimentales. Cependant — à trente-cinq ans de distance — M. Aman-Jean garde à son vieux maître de la recon-

---

1. C'est pourquoi peut-être M. Aman-Jean n'obtint aucun succès scolaire. Il se prépara comme tout le monde au prix de Rome mais ne fut jamais admis à monter en loge.

naissance. Il estime que cette discipline lui fut salutaire. De quel prix peuvent être les caprices d'une arabesque délicate si le tremblement de l'enveloppe atmosphérique autour d'une épaule ou d'un bras ne laisse pas deviner le contour exact et pour ainsi dire matériel de cette épaule ou de ce bras? Et comment M. Aman-Jean pourrait-il reprocher à son professeur de n'avoir pas compris quelles devaient devenir les qualités essentielles de son élève puisque celui-ci ne se connaissait pas encore lui-même?

De bonne foi, M. Aman-Jean [1] se croyait un mystique et il s'attachait de toute son âme à retrouver dans l'enseignement de son professeur la précision de dessin des peintres primitifs que dans ses visites au Louvre il admirait entre tous avec prédilection.

Un peu de mysticisme, au début de toute carrière, est un très bon état d'esprit. C'est une sauvegarde contre les tentations de tout ordre, contre la sensualité grossière, la banalité, contre la vulgarité. C'est

1. Qui s'appelait alors Edmond-Aman Jean, ce dernier nom étant son patronymique.

une sorte d'armure contre la médiocrité environnante. Ce mysticisme donne aux études du jeune homme un caractère de recherche désintéressée. Elle le garde contre le désir de parvenir trop vite, contre les ambitions impatientes, le désir du lucre et les sollicitations de la vanité. Peut-être dans l'esprit de M. Aman-Jean, ce mysticisme était-il d'un caractère intellectuel plus que religieux. On retrouverait dans cette tendance au mysticisme un grand désir de distinction intellectuelle, des réminiscences littéraires, l'élan instinctif vers tout ce qui est noble et d'inspiration élevée, le dégoût de tout ce qui est vulgaire.

M. Aman-Jean, pendant des années, aima les Primitifs avec passion et presque à l'exclusion de tout le reste. Quand il fit son premier voyage en Belgique, il préféra de beaucoup Van Eyck et Memling à Rubens et à Jordaëns, et quand, en 1886 [1], grâce à la bourse de voyage du Salon des Artistes français, il voyagea en Italie, ses grands élans d'admiration allèrent à Botticelli (qui n'était

---

1. En même temps que M. Henri Martin et M. Ernest Laurent. Ces trois amis, nantis de la même bourse de 4.000 francs, se retrouvèrent en Italie.

pas encore à la mode) bien plus qu'à Raphaël, et aux primitifs toscans beaucoup plus qu'à Michel-Ange et aux Vénitiens.

LES TENDANCES LITTÉRAIRES

Il est fort difficile de se connaître soi-même. Tout l'effort de M. Aman-Jean pendant une longue période tendra à découvrir, à travers ces influences, sa propre personnalité. Le sujet de ses premiers tableaux témoigne nettement de ses tendances idéalistes et de ses admirations littéraires. L'exécution, un peu sèche, trop linéaire, est d'un coloris déjà très fin mais timide. Cette exécution nous rappelle en même temps l'enseignement de Lehman et l'admiration du jeune artiste pour le dessin des Primitifs.

De moins en moins sensibles dans l'œuvre de M. Aman-Jean à mesure qu'il se conquérait lui-même ces deux influences se prolongent à peu près jusqu'en 1892, date du portrait exécuté d'après la jeune fille que le peintre devait épouser la même année et qui appartient au musée du Luxembourg.

Avant d'en arriver à cette œuvre qui n'est pas

exempte de quelque sécheresse mais dont l'intensité d'expression est déjà d'une gravité pénétrante et dont le coloris est déjà très délicat et très personnel, M. Aman-Jean avait beaucoup travaillé.

En 1883, il avait obtenu son premier succès[1] avec un grand tableau inspiré du conte de Flaubert : *Saint Julien l'Hospitalier*. Ce tableau qui appartient maintenant au musée de Carcassonne était déjà une belle œuvre, bien que d'une exécution un peu sèche. Troublé par ce succès l'artiste n'osa rien envoyer en 1884 ni en 1885. Il exposa en 1886 son premier essai de décoration. *La Paix* représentait une figure de femme volant au-dessus d'un champ de blé. Ce tableau — que l'artiste a détruit — obtint une seconde médaille et lui valut la bourse de voyage. Puvis de Chavannes avait été l'un de ceux qui avaient remarqué ce tableau et avait sollicité pour lui une distinction honorifique. M. Aman-Jean alla le remercier chez lui de cette bienveillance, fut reçu avec la plus grande

1. Qui fut très grand et lui valut la troisième médaille. L'artiste ne devait plus retrouver pendant de longues années un accueil aussi favorable.

courtoisie et devint pour toujours l'ami de ce grand artiste [1].

En 1887, il exposa, avec un portrait de sa sœur, une vue de Paris prise du terre-plein du pont d'Austerlitz, et une petite sainte Geneviève tenant contre son cœur juvénile une petite nef symbolique tandis que des péniches et des débardeurs lui composaient un décor de Paris moderne [2].

Pendant les années 1888 et 1889, M. Aman-Jean peignit deux Jeanne d'Arc qui appartiennent aujourd'hui au musée d'Orléans. L'un de ces tableaux est de très grandes dimensions. Il représente Jeanne d'Arc plus grande que nature entrant dans la ville reconquise. Maisons du moyen âge, soldats, armures et même « les voix » forment un ensemble qui voulait être saisissant. La seconde Jeanne d'Arc

1. Quand l'artiste se maria en 1892 Puvis de Chavannes accepta d'être l'un de ses témoins. La fréquentation de Puvis de Chavannes et son enseignement oral furent très utiles à M. Aman-Jean.

2. Ce tableau fut acheté par M. Hayem. C'était la première fois que M. Aman-Jean vendait une de ses œuvres. M. Hayem acheta aussi un *Hésiode écoutant les inspirations de la muse*, figure dans un paysage, exécuté en 1890 après un voyage en Sicile.

est beaucoup plus petite et peut-être est-elle plus importante dans l'œuvre de l'artiste. Elle représente l'héroïne priant avec ardeur, crispée sur son oriflamme.

En 1889 l'envoi au salon se composa d'une allégorie de la Monarchie où se reconnaissaient Louis XVII et Simon le cordonnier. Après le Salon l'artiste la détruisit.

En 1891, M. Aman-Jean retrouva un peu de succès avec deux portraits de femme très grands et exécutés dans les notes sombres. L'un d'entre eux se trouve à Rio de Janeïro et l'autre s'est perdu.

LE PORTRAIT DU LUXEMBOURG

Il date de 1892. Sur un fond d'un joli bleu — à peu près arbitraire — et dont la tonalité s'enrichit de vagues branchelettes d'amandier et d'imprécises fleurettes roses (ce sont les premières manifestations du sens décoratif qui peu à peu n'admettra plus de surface non enrichie) la jeune fille se présente exactement de profil, les cheveux bruns et plats tirés vers le chignon posé sur la nuque. Elle porte un corsage d'un rose groseille écrasée, une jupe brun-lie-de vin foncé, et une écharpe jaune enroulée autour des bras. Un petit bouquet de violettes pâles agonise à son corsage. Le modelé du visage et des mains est saisi sur le vif, pas conventionnel du tout. Le profil est assez régulier mais de petites asymétries donnent la sensation de la réalité. Les yeux sont baissés à l'ombre des cils. Les deux mains se rejoignent sur les jambes et la torsion du poignet gauche est juste, harmonieuse et tendre. Cette main et ce poignet sont charmants.

L'ensemble est sobre, précis, d'une écriture très nette. L'arabesque qui devient jolie a encore quelque chose de sec. C'est précieux et un peu grêle. Cependant la vision est d'une délicatesse ingénieuse. Ces rapports de tons lie-de-vin, jaune et groseille écrasée, sur ce bleu-vert de la tenture, sont subtils et émouvants; ces violettes pâles qui s'évanouissent sont d'un accent sincère et juste. L'indication d'un décor floral sur le fond bleu ressemble à des arpèges presque imperceptibles d'un violon qui se tait tout de suite. C'est de la peinture à mi-voix. Elle chuchote plus qu'elle ne parle. Mais quel susurrement délicieux !

Progressivement, d'œuvre en œuvre, l'arabesque deviendra plus souple, plus large, plus enveloppante, les tons seront plus francs, il y aura plus de force et plus de vitalité. Et cependant quel autre tableau nous donnera l'équivalent de ce visage baigné de pénombre dans un éclairage « en douceur », de ces mains pénétrées d'ombre par le modelé et surtout l'accent unique, le je ne sais quoi de si touchant dans la vision de cette fiancée ? Il y a en elle du mystère. Ce profil ne livre pas toute la physionomie. Ces yeux baissés ne disent pas toute leur pensée. On sent que l'artiste était ému et précautionneux. Sous l'enveloppe matérielle, il cherchait à deviner l'âme.

Voici le sommet de la première partie de la carrière de M. Aman-Jean. On sent l'influence des Primitifs. C'est de la peinture psychologique, j'oserais presque dire de la peinture d'âme. Le coloris — si délicat qu'il puisse être — est comme subordonné à une émotion intérieure et qui se contient. C'est à la fois timide et franc. C'est de la peinture d'amoureux qui ne se connaît pas encore tout à fait lui-même mais qui va prendre son essor. On sent la minute de crise. Pour connaître les diverses étapes de la carrière de M. Aman-Jean ce portrait est aussi important que le portrait rose de 1906 du Petit-Palais et la Décoration pour la Sorbonne de 1912. Ils marquent trois étapes d'une carrière : la concentration sur soi-même, l'épanouissement de la sensibilité et la conquête progressive de la Joie.

LE TEMPÉRAMENT SEPTENTRIONAL

A partir de 1892 M. Aman-Jean commence à prendre pleine possession de lui-même. Il renonce peu à peu à la préoccupation de dessiner par les contours. Il se déprend des Primitifs florentins, s'interroge lui-même, et, par un détour, revient à ses propres origines.

Ces origines étaient nettement septentrionales. M. Aman-Jean est né par hasard à Chevry-Cossigny[1] en Seine-et-Marne parce que ses parents y possédaient une maison de campagne. Son père était né à Valenciennes de parents originaires de Saint-Amand. Il avait quitté sa province natale

1. Le 13 novembre 1860.

pour venir exercer à Paris le commerce des char-
bons provenant des mines du Nord. Cependant le
patrimoine familial, qui assura l'existence de
l'artiste et la dignité de sa vie pendant toute la
période des débuts, avait été constitué par son
grand-père paternel, originaire de Valenciennes et
constructeur de péniches fluviales à Paris, quai
de Valmy. La mère de M. Aman-Jean était originaire de Landrecies. Bien qu'il ait été élevé à
Paris, l'artiste est par conséquent un septentrional.
La remarque n'est pas sans intérêt. Quand Aman-
Jean fait mentalement un retour sur l'évolution de
sa carrière il sent de plus en plus nettement
quelle antinomie foncière existait entre sa propre
vision et celle du maître de Montauban dont
Lehman continuait la tradition.

Le propre des artistes septentrionaux est de
distinguer les volumes des objets par la couleur.
Une sorte d'instinct les empêche de jamais les abs-
traire de l'enveloppe atmosphérique dont ils sont
entourés. C'est dans la lumière éclatante du Midi
que les objets livrent sans mystère le dessin de leurs
contours et se détachent sur les autres objets d'une
manière absolument nette. L'ombre et la lumière

dans le Midi s'opposent l'une à l'autre en des contrastes bien tranchés. Le soleil en se levant sur l'horizon transforme tout le paysage comme par un coup de baguette magique. Aussi longtemps que le soleil irradie, ce contraste se perpétue. Le crépuscule n'existe pour ainsi dire pas. En quelques instants la nuit succède au jour.

Dans le Nord, au contraire, le soleil ne se lève presque jamais sur l'horizon dans l'éclatante netteté de son orbe lumineux. Des brumes flottent dans l'atmosphère. L'aube est une cérémonie. Le crépuscule n'en finit plus. Même au plus vif de l'été et à plus forte raison pendant la plus grande partie de l'année, les heures du jour sont toutes pénétrées d'ombres diffuses. L'évaporation constante d'une inépuisable humidité enveloppe la terre, le ciel, les objets et les personnages d'une sorte de halo, d'un tremblement de lumière diffuse. Les hommes du nord ont presque tous des yeux de peintres[1]. Ils voient par la lumière et par les

1. Il est remarquable que les Septentrionaux — même quand ils n'ont aucune culture — distinguent d'instinct parmi les peintres ceux qui sont coloristes et ceux qui ne le sont pas. En quelques conversations on les met en état de

ombres beaucoup plus que par les lignes. Ils
sentent l'inépuisable variété des nuances beaucoup
plus qu'ils ne sont sensibles à l'opposition violente
des tons crus juxtaposés. Ils se complaisent à
regarder l'inextricable complication des reflets. Ils
aiment la pénombre, le clair-obscur. Ils ont le sens
du mystère. Ils en arrivent très vite à se rendre
compte que la signification dramatique ou sentimentale d'une représentation colorée des objets ou
des personnages est indépendante de l'exactitude
de cette représentation matérielle. Le sujet pour
eux devient une sorte de postulat qu'ils accordent
sans discussion. Devant un tableau ils se demandent ce que le peintre, à propos de ce sujet,
pouvait avoir à leur confier et ils sentent tout
au moins d'une manière confuse que c'est par la
couleur, par les jeux de l'ombre et de la lumière, par
l'atmosphère sentimentale et par les influences
réciproques des tonalités et des reflets, que le
peintre doit exprimer ses idées ou ses émotions. Les

dire le pourquoi de leurs sensations. Quand il s'agit de l'art
d'associer entre eux les idées et les mots, ils ont au contraire des facultés d'assimilation bien moins vives que les
Méridionaux.

œuvres de Rembrandt ou de Watteau, prototypes des peintres du nord, et celles des compatriotes d'Ingres, prototype des peintres du midi, précisent parfaitement bien l'opposition de tendance, de caractère et de sentiment.

C'est par de secrètes affinités de tempérament, même au temps où il dessinait par le contour et refrénait, pour plaire à son maître, ses élans de coloriste, que M. Aman-Jean préférait aux poèmes de Leconte de Lisle les poésies de Verlaine[1] « où l'indécis au précis se joint » et la mélancolie voluptueuse d'un Rodenbach ou d'un Albert Samain[2].

A partir de 1892 ses envois annuels à la Société Nationale attestent sa libération progressive à l'égard de l'enseignement de l'école et le développement méthodique d'une personnalité qui, après s'être cherchée longtemps, se découvre, se précise et se fortifie par la couleur.

LE SENS DÉCORATIF

Le sens décoratif se développait en même temps

1. Né dans les Ardennes d'une famille septentrionale.
2. Né à Lille, d'une famille lilloise.

jusqu'à devenir pour l'artiste une préoccupation constante. Au salon de 1892, avec le *Portrait de la fiancée*, qui appartient au musée du Luxembourg, M. Aman-Jean avait envoyé une *Venise* qui fut achetée par le Dʳ Hirth, fondateur et directeur de la « Jugend » de Munich. Venise y apparaissait de profil, sous la forme d'une figure nue surgissant de la mer sur laquelle flottaient à la gauche du spectateur des galères jaunes et rouges.

En 1893 M. Aman-Jean exposa la *Femme au paon* qui appartient au Musée des Arts décoratifs, et en 1894 deux panneaux décoratifs commandés par M. Maciet et qui portaient pour titre : *La Confidence* et *l'Attente*. Dans la carrière de M. Aman-Jean, ce sont des œuvres importantes et plus encore peut-être à cause des tendances nouvelles qu'elles manifestent que par leur perfection propre.

La Confidence représente une jeune femme décolletée, en robe saumon (très fine de ton et très bien drapée), assise sur un banc de jardin tandis qu'une autre jeune femme debout, les épaules nues, drapée de gris-rose et de violet, se penche vers elle pour lui dire un secret. Toutes deux se détachent sur un ciel bleu-vert, et sont entourées d'un encadrement de feuillages verts soutenus par des treillages de bois gris et vivifiés par des fleurs vaporeuses.

Le parti-pris d'exécution décorative est évident. Tout le tableau se résume en trois ou quatre grandes taches : Sur le bleu-vert du ciel et les verts du feuillage chantent le ton saumon de l'une des robes et les accents gris-roses, violets et gris-blancs de l'autre robe.

Le sens décoratif n'est pas moins évident. Cette composition semble solliciter l'encadrement d'une boiserie afin de contribuer à l'enrichissement d'un ensemble par une vision de douceur pénétrante, de grâce persuasive, d'élégance fine et forte. Aussi dénué que possible de toute banalité, de toute vulgarité, ce tableau est distingué au sens le plus élevé du mot. Il est d'une grande douceur enveloppante.

Le second panneau possède à un moindre degré exactement les mêmes qualités. Il représente une jeune fille debout, en toilette rose, tenant par la main un grand chapeau de paille jaune à ruban noir et entourée du même décor sur le même ciel bleu-vert.

Ces deux panneaux décoratifs marquent une date. Aman-Jean a trouvé son style. Cela est fin sans être

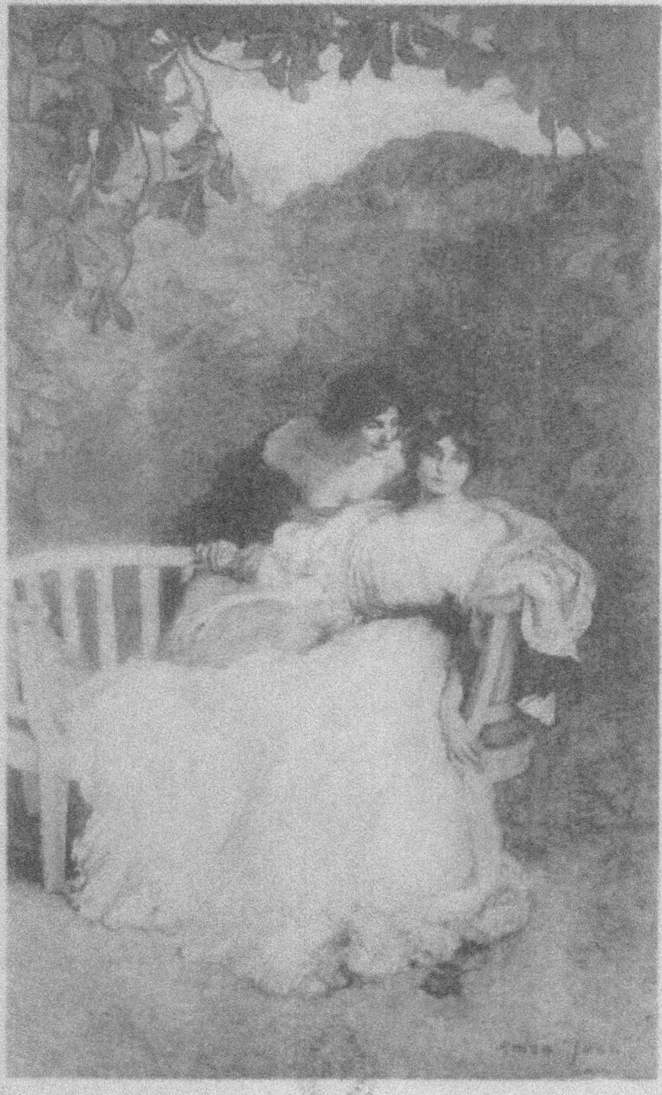

Cliché Crevaux

LA CONFIDENCE

AMAN-JEAN

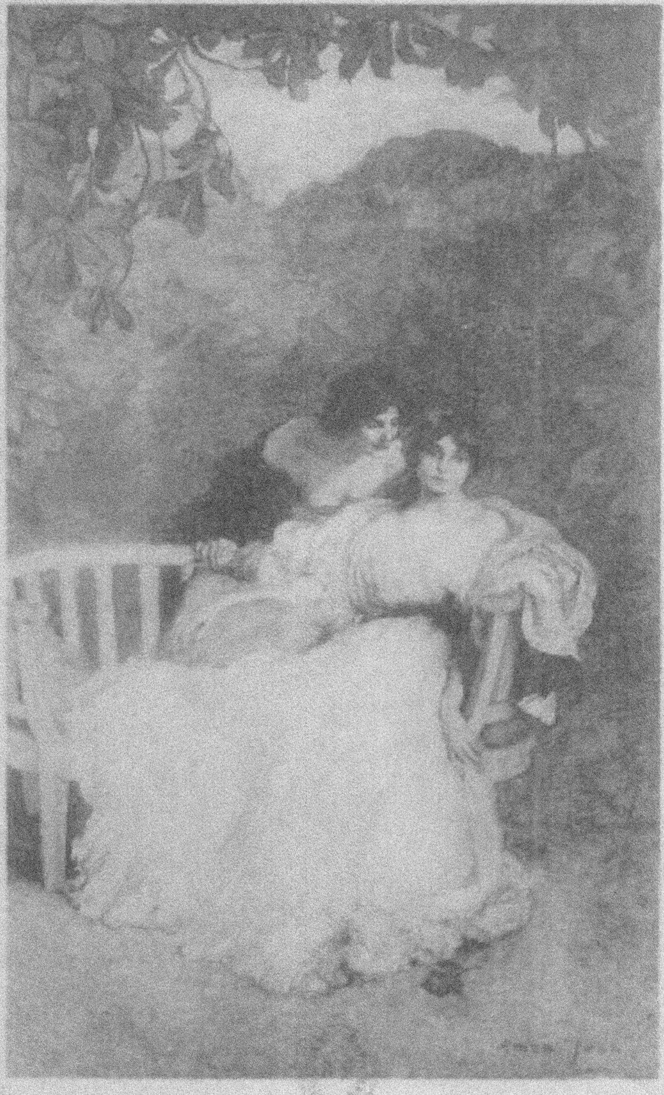

Cliché Crevaux

LA CONFIDENCE

grêle, délicat sans être mièvre, gracieux sans être conventionnel. L'arabesque est douce et forte, les tonalités sont vives et justes. L'atmosphère de songe n'est pas en contradiction avec le sentiment de la réalité. Ces panneaux sont le commentaire délicieux d'un spectacle réellement vu.

Pour juger des progrès réalisés, reportons-nous à *La jeune fille au paon*[1] qui se trouve au même musée. Elle est debout en robe gris-rose à ramages assourdis. Les deux mains tiennent une fleur sur le sein gauche. Elle se détache sur une prairie verte que limitent à l'horizon un mouvement de terrain et une mince bande de ciel. Le paon est auprès d'elle.

Observons que l'arabesque est infiniment moins souple. Le coude gauche est plié à angle aigu à peine dissimulé par la batiste qui s'échappe de la manche. L'une des lignes qui délimitent la robe est toute droite et presque parallèle au cadre. Il y a dans le mouvement des bras et aussi dans les branchelettes dénudées de l'arbuste qui se trouve auprès d'elle, quelque chose de trop grêle. On ne

---

1. Elle est plus ancienne de deux ou trois ans.

sent pas le nu sous la jupe. La robe en forme de cloche, n'est pas dénuée de quelque lourdeur. On sent l'œuvre de transition, l'essai qui devait aboutir à *La Confidence*. Certes le charme opère tout de même. Cette robe, à cause des moires où le vert rose se mêle au jaune rose est tout de même très jolie, le visage aux beaux cheveux plats est d'un modelé tendre et d'une expression charmante, le rose et le bleu-paon de l'oiseau qui tourne vers nous sa queue en panache et allonge vers la jeune fille son cou et sa tête surmontée d'une aigrette sont d'une tonalité exquise. Et cependant, comme l'on sent que l'artiste n'est pas encore parvenu à la maîtrise ! Le style et l'exécution veulent être décoratifs. Ils ne le sont que dans une petite mesure.

Une seconde Venise, qui date de 1896[1], nous montre au premier plan deux jeunes filles. L'une est debout en robe rose à châle noir, et l'autre, d'un dessin beaucoup plus large (et qui n'est pas à l'opposé de celui de Besnard) est rassemblée sur

---

1. Au Salon de 1895 l'artiste envoya un portrait ou plutôt un interprétation décorative, pour laquelle sa femme avait bien voulu poser. Elle appartient à M. Sainsère.

elle-même tout près du sol en robe brun-rosâtre.
Dans le fond, au dela de l'eau rose clapotante, se
distingue le campanile de Saint-Georges Majeur,
d'un brun roux, entouré de quelques constructions,
tandis qu'un peu de ciel gris rosé enveloppe le tout.
Ces deux jeunes femmes, presque de grandeur
nature, silhouettées au premier plan tandis que fuit
derrière elles un paysage d'eau, sont encore d'une
mise en toile et d'une vision relativement sommaires. Cependant le dessin a pris plus de liberté,
le coloris est plus ample et distribué par de belles
taches [1].

Ce sont ces panneaux décoratifs qui ont été pour
M. Aman-Jean l'occasion de se connaître entièrement. A partir de ce moment il n'a plus qu'à se
développer selon sa propre nature. Son arabesque
devient de plus en plus souple; sa couleur, de plus
en plus délicate et riche. Certains jours il s'ingénie
à raffiner sur des rapports de tons comme un
psychologue de profession sur des subtilités de
sentiment. Parfois il fait poser devant lui des

---

1. De cette année 1896 datent aussi *les Sirènes* exécutés à
Florence et qui représentent deux jeunes femmes nues dans
la mer.

modèles professionnels et donne l'essor à sa fantaisie décorative. D'autres fois il s'impose de se soumettre à la réalité et s'efforce de brider son imagination visuelle pour donner la sensation du vrai, même dans une atmosphère de rêve.

A mesure qu'il prend possession plus entière de ses moyens d'exécution il domine de plus en plus le motif de nature. Tout en gardant le contact avec la réalité, il conçoit et il s'attache à exprimer des vérités plastiques d'ordre général.

.Pour les portraits notamment, l'évolution est manifeste. Le sens décoratif devient presque prépondérant. L'artiste a découvert des moyens d'expression nouveaux. Il ne renonce pas a étudier directement le modèle qu'il a sous les yeux, mais il éprouve, plus encore qu'il n'observe, ce que révèlent ses expressions de physionomie, ses gestes et ses attitudes. Son émotion devient plastique beaucoup plus que psychologique. L'interrogation mentale se confond avec un état de sensibilité. Il renonce a relier par des conjectures psychologiques le présent qu'il a sous les yeux, le passé qu'il devine, et à suggérer, dans une certaine mesure, par la logique même du caractère, des pressentiments sur l'avenir.

A propos du modèle vivant qu'il a sous les yeux M. Aman-Jean en arrive à nous décrire son émotion visuelle et ses impressions sentimentales. C'est pourquoi ses plus beaux portraits sont toujours ceux qu'on lui a permis d'exécuter avec plus de liberté. Cette façon de comprendre le portrait est subjective plutôt qu'objective. M. Aman-Jean ne se soumet que dans une petite mesure à la réalité objective. A propos de son modèle l'artiste se décrit lui-même. Pour que le résultat soit un chef-d'œuvre il suffit — mais il est nécessaire — que la psychologie et l'aspect physique du modèle aient des analogies avec le peintre lui-même. On n'imagine donc pas que M. Aman-Jean puisse faire indifféremment n'importe quel portrait.

Regardons ensemble, par exemple, le portrait au pastel de la fille du peintre Besnard.

Elle se présente de trois-quarts, les cheveux relevés et retenus par un ruban bleu turquoise foncé. Elle est décolletée. De son épaule gauche retombe une écharpe à peu près du même ton que le ruban, et cette écharpe laisse voir un corsage de lingerie retenu par de minuscules rubans verts et sur lesquels s'accroche un nœud de ruban rose.

Le fond est bleu-vert, plutôt vert, et composé d'un grand nombre de tonalités qui s'exaltent les uns les autres. Ce fond est éminemment décoratif. Il soutient tout le portrait, l'enrichit, l'explique et le fait se prolonger au delà des limites du cadre.

Les qualités principales de ce portrait, c'est la mise en page extrêmement artiste, l'imprévu du mouvement qui semble faire surgir le modèle d'un rideau invisible qui eût été à sa gauche, la souplesse et la précision de l'arabesque, la justesse, la force et la délicatesse des tons, l'intensité de l'expression par la couleur et un je ne sais quoi de rare, de jamais vu et d'inimitable.

Or, toutes ces qualités sont étroitement liées à l'expression morale de la jeune fille dont nous avons devant les yeux une interprétation psychologique. Ces modelés nous disent la construction énergique de ce visage. Les yeux expriment la douceur mais ils nous disent aussi l'intelligence vive, l'esprit prompt, la mobilité de sentiment et l'extrême sensibilité. Autour de cette bouche qui se relève légèrement vers la gauche flotte un sourire diffus qui deviendrait vite ironique, spirituel, sans méchanceté mais propre à accentuer le geste du bout des doigts ou la réplique amusante. C'est le portrait d'une Parisienne. Elle vit par ses nerfs bien plus que par ses muscles. On la sent maigre et infatigable. Il y a en elle du mystère et beaucoup d'énergie. C'est une Parisienne et c'est une jeune fille. Et tout cela est exprimé par des tons et des rapports de tons. L'ensemble est à la fois nerveux et calme, d'une langueur robuste, d'une délicatesse précise et forte. J'ose dire que c'est un chef-d'œuvre. Mais ce portrait n'est si beau que parce qu'il y avait accord préalable entre cette complexité psychologique, cette élégance morale et physique et la nature même du peintre.

L'IMAGINATION DU DESSIN

Jusqu'à la fin du XVIIIe siècle on écrivait « Dessein » le mot que nous écrivons aujourd'hui dessin. Et l'ancienne orthographe exprimait mieux ce qu'il doit y avoir dans ces « projets » de spontanéité, d'élan et d'improvisation relative. C'est une œuvre où l'esprit a plus de part que l'habileté des doigts.

Mais il y a tant de façons de comprendre le dessin! Les uns ne sont qu'une préparation pour l'œuvre future, les autres se suffisent et sont à eux-même leur propre fin. De ce nombre sont ceux de M. Aman-Jean. Ils ne font pas songer à la peinture à l'huile qui pourrait les compléter. Ils existent par eux-mêmes et pour eux-mêmes. Ils forment un domaine à part. M. Aman-Jean a inventé ses dessins comme il a inventé dans ses tableaux ses accords de tons. Par des traits et des écrasements de crayons ce peintre étudie, intensifie, dégage et exprime sa propre personnalité. Il se révèle tout entier dans ces petites œuvres. Or il n'y a de grand artiste que celui qui a inventé son dessin. M. Aman-Jean est de ceux dont nul ne pourra contester qu'il ne doit rien qu'à lui-même. Dans toutes ses œuvres, mais plus particulièrement encore dans celles-ci, son originalité est évidente.

Où certains maîtres voient surtout des lignes, des volumes nets, un trait précis et sûr, M. Aman-Jean voit avant tout des taches de couleur, des rapports de tons, des valeurs réagissant les unes sur les autres, de la lumière imprégnée de mille influences, de l'atmosphère et une arabesque décorative. Certains autres excellent à saisir des contours nets. M. Aman-Jean nous suggère des formes qui reçoivent, et d'où émanent des rayons lumineux. Autour de ses objets et de ses figures il y a comme un halo invisible et pourtant sensible. C'est ce que les peintres appellent l' « enveloppe ». Que ce soit dans le plein air ou dans l'atmosphère d'une chambre à la fenêtre ouverte, l'air et la lumière tremblent autour des objets et des figures, les entourent, les contiennent, les délimitent (mais avec quelle douceur) et les baignent de rayons diffus.

La sensibilité visuelle (ce que les artistes appellent des yeux de peintre) joue le rôle primordial dans l'élaboration de ces œuvres mais l'intuition sentimentale est à peine moins sensible.

Prenons un exemple. Voyez ce torse de femme qui se présente de profil. Les cheveux en broussaille lui cachent la moitié de la tête, et le visage se détache sur le bras droit replié pour lui faire un fond de chair féminine, nu sur nu qui se confondent presque et pourtant se font contraste. L'angle du coude est caché par le cadre pour qu'il n'y ait rien d'anguleux dans cette beauté blonde. Le haut du torse montre, de profil, la petite ligne onduleuse de la poitrine, et le sein s'arrondit, abondant, légèrement infléchi, courbe charmante qui s'inscrit dans l'air enveloppant sans qu'on sache exactement où se termine la peau lumineuse ni où commence l'air ambiant influencé de lumière. Cela est d'une belle venue, souple, tendre, coloré, extrêmement féminin. Voyez encore la belle attache du bras gauche retombant droit et se pliant ensuite au coude pour que la main aille se perdre dans le rose du vêtement qui n'est qu'à peine indiqué. A cause de l'expression de la bouche et de l'ensemble on croit deviner, sous les cheveux, le regard.

Or d'où vient le charme? Avant tout, des rapports de tons saisis et transcrits avec une subtilité, une justesse, une sincérité d'accent; une variété et une délicatesse extrêmes, ensuite de la simplification méthodique des lignes et des détails qui donnent à ce dessin son style; enfin, du sentiment de tendresse qui reprend, par ces lignes, ces taches et ces nuances, sur un mode nouveau, l'éternel Cantique des cantiques à la beauté des femmes. « Chair de la femme, argile idéale, ô merveille! » Le modèle n'est qu'une belle fille quelconque. On le sent parce que l'œuvre reste liée au réel comme il est nécessaire pour qu'elle reste humaine. Mais le modèle n'est qu'un point de départ. Ce qui est intéressant, c'est l'interprétation de ce motif élémentaire et l'œuvre nouvelle qni en résulte. Or l'expression pourtant fidèle de cette réalité est infiniment distinguée, c'est-à-dire dénuée de toute banalité, de toute grossièreté. D'une matière vivante qui était belle, mais compliquée de toutes sortes de brutalités, l'artiste a dégagé les qualités essentielles : la qualité lumineuse de la peau, l'humanité du mouvement, la sensation de vie, et il ne nous a rendu sensibles ces trois qualités et le plaisir qu'il a lui-même éprouvé que par des rapports de tons. C'est peu de chose et c'est vaste. Ce dessin a les qualités des grandes œuvres. On ne peut guère imaginer de méthode ni de dessin plus différents du tracé linéaire en honneur dans les écoles.

Prenons un second exemple : ces deux nus qui pourraient s'intituler « Bas-Reliefs » et que l'artiste appelle : « Esclaves. » Ce sont deux jeunes femmes nues. L'une est debout, de trois quarts, le visage presque de face, dans une attitude extrêmement simple mais qui suggère la résignation, le découragement. La seconde est derrière elle, tout à fait de profil, et son bras gauche replié cache le visage. Pleure-t-elle ou seulement se désespère-t-elle silencieuse et solitaire? Ces deux jeunes femmes nues, si proches l'une de l'autre et qu'on sent pourtant étrangères l'une à l'autre, sont d'une tristesse indicible parce qu'elles sont toutes seules, dédaignées et comme dépréciées par leur isolement; elles sont debout, mais on devine dans tous leurs membres un affaissement. Elles ne tiennent plus à la vie. Et cependant on sent que leur tristesse est momentanée. Ce n'est pas un désespoir total. Elles sont si jeunes! Qu'un jeune homme passe et leur fasse signe, tout leur corps juvénile se redressera, on le sent, leur visage s'éclairera, leurs yeux brilleront, leurs mains s'offriront. Elles ont trop attendu et elles se découragent. Ce sont ces minutes fugitives que l'artiste, ému lui aussi de leur passagère détresse, a fixé pour l'éternité.

Ces dessins ont une valeur esthétique et une valeur sentimentale. C'est une recherche lente et sûre de l'expression morale par des moyens exclusivement picturaux. C'est la démonstration par des frottis de crayon d'une vérité sentimentale qui serait surtout une vérité visuelle. L'intimité tendre entre l'artiste et le modèle s'intègre peu à peu dans l'œuvre et l'en imprègne. Quand les deux causes premières — je veux dire l'artiste et le modèle — auront disparu, l'œuvre continuera, vivante, son rayonnement sentimental. Douée d'une vie personnelle, et devenue à son tour une source d'émotion, elle détermine en ceux qui la regardent des sentiments nouveaux, vivants, et qui, peut-être, par réfraction, en créeront d'autres à leur tour. Ainsi va se propageant l'innombrable vibration des émotions d'art, pourvu que, à l'origine, le rapport ait été juste, harmonieux, riche, profond et transcrit avec maîtrise sur le papier ou la toile. Et voyez comme c'est peu de chose! un peu de violet, un peu de sanguine, un imperceptible frottis de vert, de rose, et le tout enveloppé, rassemblé, comme enfermé dans un cercle inexistant où le cœur bat, invisible, incessant, et comme avivé constamment par des afflux de nouvelles émotions.

Même avec ces simples frottis, ces indications légères, M. Aman-Jean parvient à donner aux attitudes, aux mouvements, et même aux visages, des expressions d'une intensité extraordinaire.

Voyez par exemple ce visage de jeune femme coiffée d'un vaste chapeau noir très vaporeux qui regarde presque de face, l'une des épaules nues, l'autre épaule à peine voilée par une gaze rose dans laquelle transparaît une gaze noire et, qui tient à l'extrémité de ses doigts gantés de blanc un petit masque de velours noir. Il semble en composant ce *Caprice* que M. Aman-Jean ait pensé au vers de Baudelaire :

« Le charme inattendu d'un bijou rose et noir ».

Cela est d'une délicatesse de vision et d'une élégance d'exécution incomparables. Ce visage de femme est attentif, douloureux, presque souriant et prodigieusement triste. C'est un visage de femme mondaine, extraordinairement sensible, qui ne pense qu'à l'amour et à qui l'amour échappe. Elle dissimule son chagrin. Elle sourit. Comme ce sourire est émouvant ! quel drame on devine dans cette existence ! Comme cette douleur est discrète, silencieuse et déchirante ! Dans un instant ces yeux bleu et vert déjà voilés s'empliront de larmes. Mais la main replacera sur le visage le demi-masque et la jeune femme passera dans un salon ou dans une fête.

« N'osant rien demander et n'ayant rien reçu ».

Un autre de ces *Caprices* nous montre, en domino rose et en chapeau de gaze noire une jeune femme qui revient du bal. Elle est seule. Elle ne dissimule plus. Toute rassemblée sur elle-même, assise par terre, les genoux presque contre le menton et les deux mains nouées soutenant la joue, elle ferme les yeux. Elle songe et elle souffre. Drame silencieux ! un geste serait en contradiction avec la discrétion de cette douleur solitaire. Toute parole serait impuissante. Elle est immobile, et derrière les paupières closes, en sent l'obscur travail de la tristesse ingénieuse à se développer elle-même, à devenir plus pénétrante, et plus intense, plus désespérée.

D'autres de ces *Caprices* évoquent des jeunes filles qui passent portant comme les Panathénées, dans leurs deux mains rassemblées presque à hauteur de leur poitrine des fruits jaunes dans une corbeille qui ressemble à un nid d'oiseaux. Une draperie violette retombe en plis émouvants à peu près jusqu'à leurs genoux. Le visage est absorbé. Les paupières semblent closes. Elles passent en poursuivant je ne sais quel songe qu'elles n'expliquent pas. On sent leur vie intérieure, leur tristesse nostalgique, leurs regrets et leurs vains espoirs. Elles sont « l'acceptation », la « nostalgique » ou la « désabusée ». Du point de vue plastique, elles ont la dignité des adolescentes que l'on voit aux bas-reliefs athéniens. Du point de vue sentimental, elles résument tout un monde de tristesses nostalgiques, d'inquiétudes sentimentales et de désirs que nous sentons bien ne devoir jamais se réaliser.

D'autres de ces dessins évoquent des formes qui semblent tonrmentées bien qu'elles soient très simples. Un sentiment douloureux les anime et les transfigure. On les associe aux visions fantastiques du Dante. Ce sont des âmes de jeunes filles qui se désespèrent. On songe à toutes les Francesca qui passent en pleurant à cause de leur amour.

Et les raffinements de couleur, les indications précises et justes d'un ton à côté d'un autre

donnent à nos impressions quelque chose d'immatériel. Cependant, ces corps juvéniles existent. Ils
ont une forme individuelle. On sent qu'ils ont été
vus. Ils sont harmonieux et précis. Mais le sentiment qui les anime est leur raison d'être. Ce sont
des transpositions, des transfigurations de l'ordre
matériel dans l'ordre sentimental.

Même les imperfections, même les tâtonnements
du crayon de couleur contribuent à notre émotion.
On sent la réalité du motif. L'artiste cherche à
saisir la forme et à faire sentir la vérité. Cela ressemble à l'essai de corps à corps entre des combat-
tants que l'on met en présence. Il est d'une vérité
inépuisable le vieux mythe qui met aux prises
Jacob avec l'ange. C'est la lutte entre l'esprit et la
matière, le combat toujours renouvelé entre le
réalisme et la spiritualité.

Si nombreux et si expressifs ces dessins nous
apparaissent comme les mémoires d'un rêveur et
d'un poète qui observe la vie des âmes du point
de vue couleur et plastique. Ce sont des notations
visuelles et elles s'apparentent aux notations
musicales d'un Henri Duparc donnant aux vers
de *la Vie intérieure* une accentuation de rythme,

un sens plus pur et un accent plus profond.

On sent très bien qu'ils ont été exécutés en partant de « l'intérieur », c'est-à-dire de l'émotion qui en avait donné l'idée et qu'ils se sont précisés peu à peu par des recherches du crayon donnant progressivement une forme à cette émotion, de sorte que *les derniers traits* — et non pas les premiers — sont ceux qui suggèrent le contour. L'artiste cherche sa forme par la couleur, par l'ombre et par la lumière, par les tons et les rapports de tons. Il commence par l'essentiel et cet essentiel n'est jamais le contour. Le contour est bien plutôt la limite dernière au delà de laquelle cesse le travail. Encore suggère-t-il plutôt qu'il ne délimite l'instant où le rayonnement de l'être lumineux se confond avec la lumière environnante, tremble avec elle et par elle, formant autour de la figure comme une sorte de halo.

Quelle élégance! les fonds colorés ressemblent à une rumeur d'orchestre sur laquelle se détachent des arabesques de flûte ou de violon. C'est un thème musical qui se développe. Certains traits ont leur éloquence, leurs raccourcis, leur continuité et même leurs repos comme on voit sur une portée le thème mélodique commencer, se développer, s'interrompre et recommencer. Les grandes lignes courbes qui indiquent les liaisons se retrouvent dans les dessins comme dans les figurations de l'écriture mélodique. Ces dessins sont une musique[1]. Indépendamment du sujet ils m'enchantent par leur couleur, leur arabesque, et, si j'ose le dire, par leur sens profond et leur mathématique.

Mélodie pour peu de gens! Ils éveillent des émotions que des mots, plus précis, eussent été impuissants à suggérer. Comment ces œuvres d'art complexes, si raffinées et si subtiles, pourraient-elles émouvoir ceux qui ne sont pas susceptibles d'être émus? Ceux-là seuls peuvent les apprécier qui ont su deviner parfois les larmes intérieures d'une jeune fille qui sourit, la volupté douloureuse d'une étreinte à la minute de la séparation, la splendeur pénétrée de tristesse d'un coucher de soleil somptueux, délicieux et angoissant!

1. En 1913 M. Aman-Jean s'est révélé un graveur excellent. Ses eaux-fortes ont les qualités de ses dessins. Elles suggèrent plus qu'elles n'expriment. Il y a dans ces lacis inextricables de traits revenant sur eux-mêmes un je ne sais quoi d'incantatoire.

Sur chacun de ces dessins on pourrait longue-
ment écrire. C'est un art de suggestion, presque
d'incantation. La joie de dessiner! partout on sent
le plaisir que le peintre a éprouvé « en voyant », en
travaillant à traduire sa vision, sûr d'être le seul à
voir de cette façon et à exprimer de cette manière
son émotion. Peut-être un peu d'orgueil, dans
cette solitude, serait-il légitime. A vivre seul on se
grandit. L'homme qui est le plus libre c'est celui
qui est le plus seul. Et quand même il y aurait une
tristesse latente, une mélancolie pénétrante dans
ces dessins, je répondrais à ceux qui en font à l'artiste un reproche qu'il peut y avoir une volupté
dans la tristesse, qu'il y a une douceur infinie dans
certaines larmes et que certains sites ou certaines
heures ne sont beaux que par leur mélancolie.

LES GRANDES DÉCORATIONS

Dans ses peintures décoratives proprement dites
M. Aman-Jean rassemble toutes ses qualités et
s'efforce par une conception d'ensemble de les
rendre accessibles à tous.

AMAN-JEAN

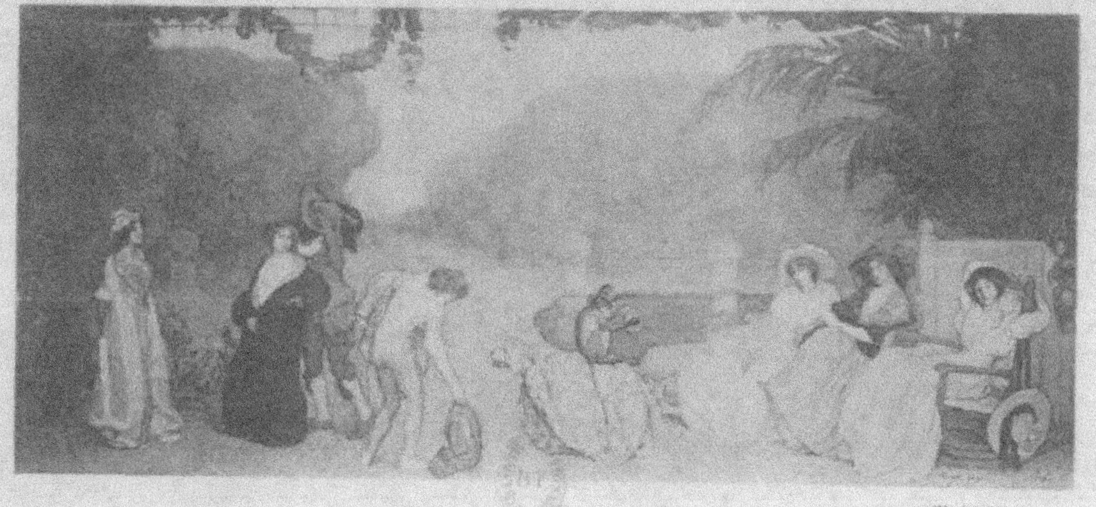

LA COMÉDIE

Cliché Vizzavona

Idées touchantes et parfois ingénieuses, délicatesse extrême du coloris, arabesque flexueuse et enveloppante, invention constamment jaillissante d'un dessin entièrement personnel, voilà les qualités principales de ces « Décorations » La première commande importante dont l'artiste ait été chargé, date de 1908. Elle se composait de deux grands panneaux et deux autres beaucoup plus petits pour l'une des petites pièces du rez-de-chaussée du musée des Arts décoratifs. La première partie fut exposée au Salon de 1909.

L'artiste avait trouvé l'idée de sa composition en relisant *la Fête chez Thérèse* de Victor Hugo. Il avait vu en imagination les personnages inventés par le poète, le décor où il serait agréable de les situer et surtout « ce singe timbalier à cheval sur un chien ». Le décor se compose d'un grand parc dont l'allée centrale, bordée de bouquets d'arbres, s'infléchit vers l'horizon. La perspective est vaste et se confond avec le grand ciel bleu. Des guirlandes de verdure retombent du haut, au premier plan, et encadrent la composition.

A notre droite, trois jeunes femmes assises sur des fauteuils de jardin regardent distraitement les bateleurs qui viennent leur offrir *la Comédie*. Devant elles un singe coiffé de rouge, joue des cymbales, accroupi sur un gros chien paisible que recouvre une draperie à carreaux

Formant à notre gauche un second groupe, qui fait équilibre au premier, il y a quatre personnages. Un jeune bateleur en collerette de dentelle, maillot rose et manteau bleu-pâle, salue jusqu'à terre de son feutre à panache rouge-foncé. Derrière lui, une charmante jeune femme debout (du type qu'affectionne M. Aman-Jean et qu'il a inventé) est drapée dans une sorte de domino noir[1] qui laisse voir la poitrine décolletée, et laisse transparaître un peu de corsage gris-rose. Elle écoute distraitement un ruffian qui lui parle bas à l'oreille, tenant à la main au-dessus de sa tête son large chapeau de feutre à plume noire. Un masque de velours noir cache son visage de rustre. Il est vêtu d'une casaque chaudron, d'une culotte brun-gris et de bas gris retenus par des jarretières bleu foncé. Non loin d'eux, tout à fait à notre gauche, un dernier

1. Il existe de cette figure et aussi des autres personnages des dessins décoratifs d'une étonnante puissance de suggestion.

personnage debout est une jeune femme en toilette de parade, cheveux très foncés sous la toque
gris d'argent à aigrette, et robe rose à demi recouverte d'un manteau jaune vif, bordé d'hermine.
Elle regarde et elle sourit.

Toute cette composition est d'une couleur très
riche et très fine dans une gamme assourdie. Certains rapports de tons sont d'un accent entièrement
neuf et d'un charme extrême. Le sentiment décoratif, l'arabesque, et, plus encore que tout le reste,
les tonalités, relient les uns aux autres ces personnages que l'action dramatique dans laquelle ils
jouent un rôle ne paraît malheureusement pas
intéresser passionnément.

De ce point de vue, la conception décorative n'est
pas irréprochable.

On ne saisit pas très bien non plus le lien qui
associe entre eux les quatre panneaux. Ici *la Comédie*, plus loin *la Collation dans un parc*, et enfin,
en retour d'angle, *le Saltimbanque* et *la Vielleuse*.

Sans doute l'auteur répondrait-il : Ce sont des
visions de beauté et de rêve. Il se peut. Et cela est
suffisant mais ce n'est que suffisant.

Ce qui est admirable, c'est l'exécution parfaite

ment décorative, la richesse du coloris, la souplesse de l'arabesque et la qualité d'imagination. C'est par les accords de tonalités et par l'unité du sentiment que ces quatre panneaux forment un ensemble parfaitement harmonieux. Cette sorte d'unité morale est plus importante que l'unité matérielle des rapports de sujets. L'espace à couvrir est parfaitement décoré. Il n'est pas juste de dire que dans *la Comédie* le centre soit « déplorablement vide ». Les vides ont aussi leur beauté quand ils sont reliés à tout le reste par l'enroulement de l'arabesque générale. Cet espace aéré était, dans le cas particulier, d'autant plus justifié que cette peinture, en fait, est un dessus de porte et qu'il était bon que la perspective du tableau s'accordât avec la trouée lumineuse de cette porte.

La Collation offre les mêmes caractéristiques. Dans le même décor de parc à la française, une jeune servante en tablier blanc et bavolet est assise sur l'herbe, tenant des fruits dans les mains, auprès d'une nappe blanche posée sur l'herbe et sur laquelle sont figurés des fruits et un pâté à la croûte dorée. Une jeune femme en rose est étendue tout auprès et, à notre droite, deux jeunes femmes et un

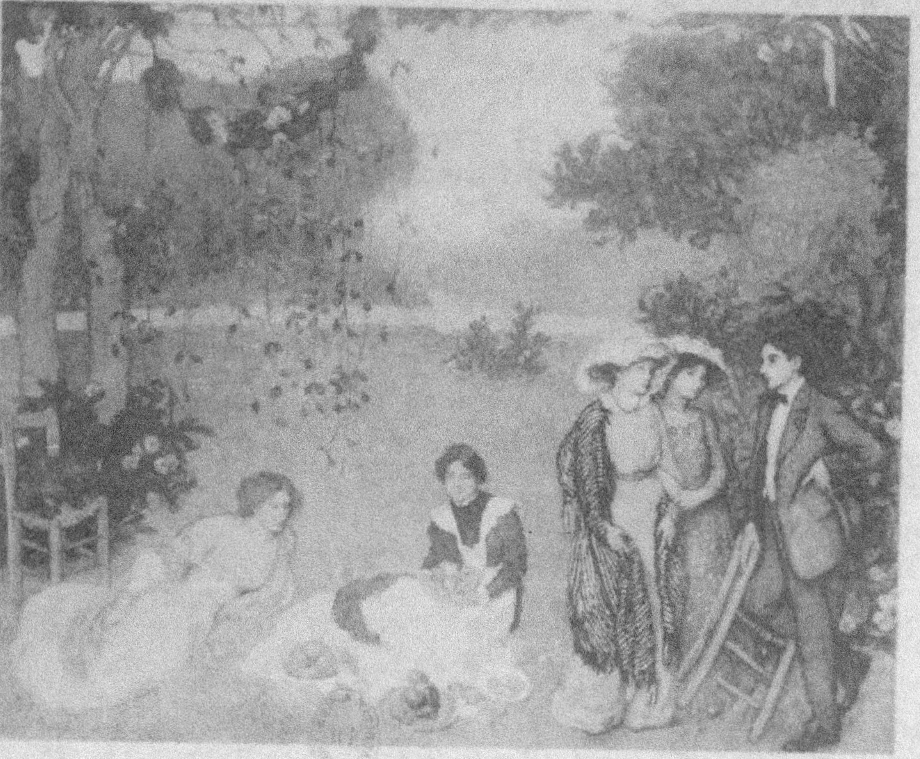

LA COLLATION

Cliché Vizzavona

jeune homme causent ou semblent causer à mi-voix.

Admirons la façon dont cette scène champêtre et les vêtements modernes se relient par la couleur aux vêtements légendaires des personnages de « la Comédie ». Voilà où se sent la symbolique de la couleur et que, dans les œuvres de M. Aman-Jean, elle est tellement dominatrice qu'elle crée l'atmosphère et maintient tout le reste sous son charme.

On a pu dire que, dans les bas-reliefs antiques, les dieux étaient tellement humains et les héros terrestres tellement divins, qu'ils pouvaient se trouver partout les uns à côté des autres sans le moindre désaccord. De même dans les œuvres de M. Aman-Jean, les costumes modernes ou légendaires, les spectacles vus et les visions de rêve peuvent voisiner sans désaccord grâce à la noblesse de l'inspiration et à la distinction des moyens d'exécution.

L'ÉVOLUTION VERS LA JOIE

L'impression que suggère cet ensemble décoratif est calme, reposante, d'un charme subtil et à peine voilé d'une vapeur de songe.

Au delà du spectacle que nous offrent les baladins qui cherchent à plaire, et ces belles écouteuses, on devine la pensée du peintre. Elle n'est pas dénuée de quelque mélancolie. Cependant cette peinture décorative marque à nos yeux une étape dans l'évolution progressive de l'esprit de M. Aman-Jean. Il arrive assez souvent que les hommes dont l'adolescence a été grave, qui se sont développés dans la solitude et qui ont consacré au travail leurs années de jeunesse dans un recueillement presque farouche, animé d'une extrême ardeur intellectuelle, connaissent, au seuil de la seconde partie de leur vie, une sorte d'apaisement et de sérénité. Au moment où il se sentent en possession des biens dont ils ont poursuivi pendant si longtemps la conquête, c'est-à-dire la gloire et la pleine maîtrise de toutes leurs facultés, il semble que ces hommes éprouvent le besoin de se renouveler, relâchent un peu la stricte discipline à laquelle ils s'étaient assujettis, deviennent plus sociables, se laissent aller au plaisir de vivre et renoncent, dans une certaine mesure, aux plaisirs amers de la réflexion. A force d'avoir approfondi la vanité des choses humaines, ils ont senti aussi la vanité de ces constatations. On peut dire qu'ils font à leur tour, mais en sens inverse, le chemin qu'ont parcouru ceux dont la jeunesse a été trop heureuse et qui, à mesure qu'ils avancent en âge, s'attristent et se découragent. Dans l'ordre littéraire l'exemple de Renan précise assez nettement ce que je voudrais indiquer.

Pour les peintres, cette seconde jeunesse concorde d'ordinaire avec une facilité de travail que leur adolescence n'a pas connue et une abondance d'idées et de sentiments qui leur forment comme une réserve où ils peuvent puiser sans compter.

De ce point de vue la grande décoration exécutée pour la Sorbonne par M. Aman-Jean nous paraît marquer une étape dans cette conquête de la Joie.

Des formes heureuses dans un beau décor. Voilà le véritable sujet. Jeunes femmes nues au bord d'une source, adolescent qui traverse le ciel, une figure drapée à côté d'un feu rustique d'où monte lentement une spirale de fumée, voilà les motifs particuliers de cette grande composition. Peu nous importe que le titre ne soit pas d'une nouveauté extraordinaire.

La représentation poétique des *Quatre Éléments*

s'accorde suffisamment avec la destination d'un édifice consacré à toutes les sciences naturelles pour que nous ne puissions faire à l'artiste aucun reproche. Il va de soi que nous admirons davantage la grande leçon que donne dans l'amphithéâtre de Chimie la peinture décorative d'Albert Besnard et le magnifique symbole qu'il propose aux étudiants[1].

Nous nous contentons cependant de « l'idée » de M. Aman-Jean puisqu'elle est d'ordre général et que, loin d'appesantir l'esprit des spectateurs sur des réalités immédiates elle fait appel à leur imagination. Le jeune homme nu qui traverse le ciel bleu et qui, les joues gonflées, représente *le Vent* semble vouloir dans son vol emporter les spectateurs au delà des limites matérielles du cadre et vouloir traverser les espaces aériens. La belle distribution des vides autour de cette figure volante et l'ampleur illimitée de l'arabesque favorisent cette illusion.

On ne pourra décider qu'après le marouflage[2] si cette figure de jeune homme répond à l'optique par-

1. Voir dans le premier volume l'étude consacrée à l'œuvre d'Albert Besnard.
2. Ce marouflage doit avoir lieu en 1914.

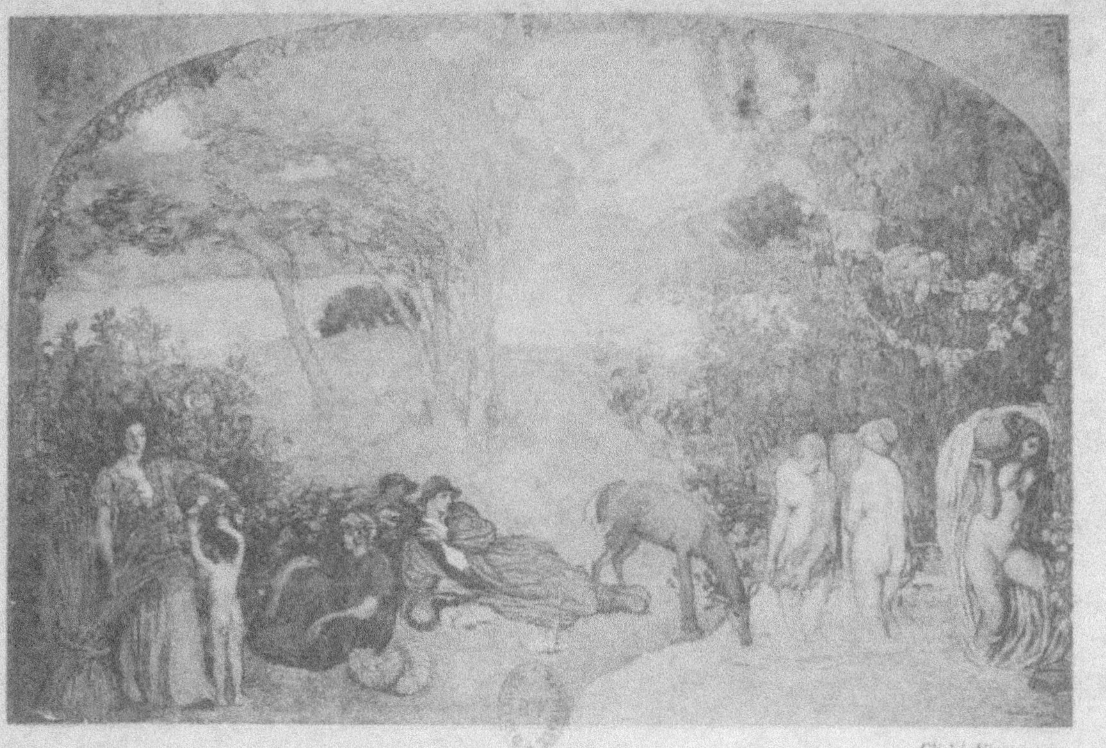

LES QUATRE ÉLÉMENTS

Cliché Vizzavona

ticulière de la salle où sera fixée cette peinture et
s'il échappe en même temps au reproche de
lourdeur ou d'immatérialité. On ne pourra aussi
décider qu'à ce moment de l'accord éventuel
entre la conception décorative de cette peinture
et l'ensemble architectural dont elle doit faire
partie.

Au salon de 1912 la plupart des visiteurs ont eu
cependant l'impression que cet accord pourrait être
parfait. La conception décorative est d'une ampleur
qui n'est pas dénuée d'une certaine majesté. Les
femmes nues forment auprès de la fontaine un
groupe qui n'est pas dénué de vie et qui demeure
suffisamment lié au réel pour qu'on sente qu'elle
représentent une part très importante de la beauté
universelle. Elles sont de notre temps et ne se souviennent que de loin de leur aînées athéniennes.
Cependant le geste qui porte les urnes ou qui les
penche vers l'eau, les apparente, à travers Puvis de
Chavannes, aux beautés féminines de l'époque heureuse entre toutes. A notre gauche, à côté des ti-
sons fumants, une figure pensive et demi-voilée
semble vouloir représenter la vie obscure du sous-
sol terrestre et les divinités inférieures qui pré-

sident à l'élaboration des richesses minéralogiques.

Une sorte de bonheur paisible anime toute la composition. Des verdures et des fleurs, des guirlandes qui retombent, un peu de fumée qui remonte et des reflets bleus sur l'eau semblent vouloir symboliser la splendeur calme de la nature que nous peuplons de nos rêves. La couleur est heureuse et riche[1], se jouant parmi les bleus et les verts dans une gamme délicate où certains accents plus forts donnent d'autant plus de délicatesse à des finesses d'expression où se retrouve la notation des nuances presque insaisissables. L'exécution est extrême-

[1]. Au Salon de 1913 deux grands panneaux en hauteur destinés à faire partie d'un ensemble pour un petit parlement américain étaient aussi d'une gaîté de couleur que rendait encore plus sensible l'ingéniosité de l'idée. Pour représenter *la Loi*, M. Aman-Jean a imaginé, dans un charmant décor de verdure et de fleurs, une femme assise, l'épée en main, et des jeunes gens qui reposent sur ses genoux. Pour représenter *la Force* il a imaginé, dans le même décor, une magnifique brute cuirassé, casquée, armée de son arc, et à qui une jeune femme — qui a bien raison de ne pas avoir peur — fait respirer une rose qu'elle lui tend à bout de bras. Deux autres panneaux de mêmes dimensions, à l'exposition générale de 1913 dans la galerie Manzi ont complété heureusement l'ensemble de cette décoration.

ment décorative, c'est-à-dire envisagée par grandes masses, par grandes taches, et destinée à n'être regardée qu'avec un certain recul.

CONCLUSION

Dans son ensemble l'œuvre de M. Aman-Jean nous apparaît donc se développant suivant une courbe harmonieuse. Du dessin graphique et de l'exécution trop sèche il est parvenu aux notations les plus délicates de la couleur et de l'enveloppe atmosphérique; de l'amour des Primitifs, « tout en âme », il a évolué vers une conception du monde s'exprimant par des formes heureuses ; de la ligne quelquefois anguleuse il est passé à l'arabesque décorative la plus souple ; de la tristesse et du recueillement perpétuel sur soi-même il est parvenu peu à peu à une sorte de sérénité.

C'est un coloriste délicieux. Dès qu'il a pris conscience de ses qualités propres, il est devenu un décorateur. Du portrait décoratif jusqu'aux ensembles muraux du Pavillon de Marsan et de la Sorbonne il a évolué selon sa nature avec un esprit de

— 135 —

suite, une méthode et une continuité parfaites. Même si elle était aujourd'hui interrompue, son œuvre serait assurée de survivre. Il est logique d'espérer qu'elle se poursuivra encore longtemps et nous donnera à admirer une sorte d'épanouissement.

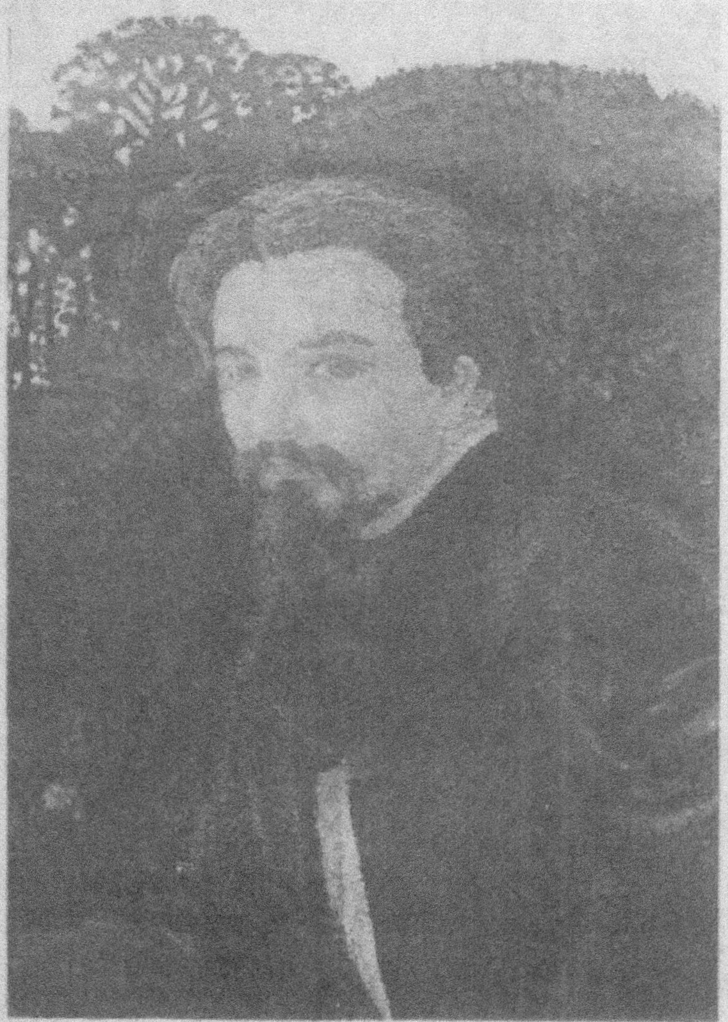

Cliché Druet

PORTRAIT DE L'ARTISTE

PAR LUI-MÊME

MAURICE DENIS

MAURICE DENIS

A peine a-t-il dépassé la quarantième année et déjà sa réputation et son autorité le placent parmi les peintres français les plus importants. Il n'y a pas d'artiste vivant qui ait reçu — en si peu de temps — tant de commandes ni qui ait été capable de s'en acquitter avec plus de bonheur ni plus de célérité. A l'âge où tant d'artistes — peut-être bien doués pour l'art décoratif — en sont encore à attendre l'occasion de faire la preuve de leurs aptitudes pour ce genre particulier de peinture, Maurice Denis a déjà parcouru un cycle immense. Église ou coupole de théâtre, atelier de peintre ou salle à manger, vestibule ou galerie, chapelle privée ou cabinet de travail, plafonds, vitraux, illustrations pour des livres se graduant du *Sagesse* de Verlaine aux *Petites Fleurs* de saint François d'Assise en passant par l'*Imitation de Jésus-Christ* et la *Vita Nova* du Dante, il a eu l'occasion de s'exercer dans tous les genres et il a pu exceller dans tous. Ajoutez à cette liste déjà impressionnante un grand nombre de tableaux de chevalet et de remarquables études critiques récemment réunies en un volume que tout artiste peut lire avec plaisir et avec fruit. L'abondance et la facilité de travail — qui passent non sans raison pour l'un des signes du génie — sont les qualités entre toutes manifestes du talent de M. Maurice Denis.

Jamais carrière ne fut plus heureuse ni, en apparence du moins, plus facile. A dix-neuf ans il composait pour l'éditeur Vollard les illustrations de *Sagesse*. A vingt ans, en 1890, il envoyait au Salon des Artistes Français, un pastel, *l'Enfant de chœur*, et il était reçu. L'année suivante il exposait aux Indépendants *le Mystère catholique* et cette œuvre de début entrait dans une collection importante, celle de M. Henri Lerolle. A vingt-deux ans, il exécutait pour ce même collectionneur un plafond et il envoyait aux Indépendants le *Soir Trinitaire* dont le même artiste faisait l'acquisition. La même année, une autre collection importante, celle de

M. Viau, s'ouvrait pour ses *Fiancés* et Le Barc de Boutteville exposait dans sa petite galerie « quatre panneaux pour une chambre de jeune fille ». Peu de temps après M. Maurice Denis exécutait des décors pour *La Belle au Bois* de M. G. Trarieux, pour le *Théodat* de M. Remy de Gourmont au Théâtre d'art, et pour les deux *Antonia* de M. E. Dujardin. Aux Indépendants de 1893, il exposait les *Muses*, panneau décoratif, aujourd'hui dans la collection Fontaine, les *Vierges sages* conservées dans la collection Henri Lerolle et la *Légende du Chevalier* appartenant à M. Hamel. Entre temps il composait des lithographies pour le *Voyage d'Urien* de M. André Gide. En 1894 — à vingt-quatre ans — il exécutait un plafond pour Mme Ernest Chausson et il envoyait aux Indépendants, *Annonciation* (chez M. Mellerio) la *princesse dans la Tour* et une *Femme nue* (achetées par MM. Bernheim). En 1895, à l'Art nouveau, chez Bing, il exposait, sous ce titre : *Frauenliebe und leben*, la décoration d'une chambre, aujourd'hui dans l'hôtel privé du comte Kessler à Weimar, et il envoyait à la Société Nationale récemment fondée, *Les Pèlerins d'Emmaüs*, *La Visitation* et la *Nativité* qui lui ouvraient les portes de la collection Th. Duret. En 1896 il exécutait un nouveau plafond chez Mme Chausson : *Le Printemps*, et il envoyait à la Société Nationale *Jésus chez Marthe* qui fut reçu, et un autre tableau qui fut refusé mais acquis par un amateur de Mons. En 1897, il recevait de M. Denys Cochin pour l'hôtel de la rue de Babylone, la commande d'une suite de panneaux décoratifs destinés à une pièce qui devait devenir — pour un temps — la chapelle privée de l'Archevêque de Paris. Il y peignit *La Légende de Saint-Hubert*, sans préjudice de son envoi à la Société Nationale qui fut nombreux et remarqué.

En 1898 il exécutait un troisième plafond pour Mme Chausson, *Terrasse de Fiesole* et ses quatre tableaux du Salon passaient : le premier, dans la collection Henri Lerolle : *Femme au lilas* ; le deuxième dans la collection de son ami Beltrand : *Madone*, et les deux paysages dans la collection von Tschudi à Berlin.

En 1899 — à vingt-neuf ans — il exécutait une décoration pour la chapelle de Sainte-Croix du Vésinet composée d'un décor d'autel et de deux panneaux qu'il exposait à la Société Nationale,

il peignait en forme de triptyque le portrait de
M. Adrien Mithouard, de sa femme et de son enfant. Un autre tableau intitulé *Le Monotone verger*
est aujourd'hui dans la collection Stern à Berlin.
Il composait et faisait exécuter des vitraux pour
Mme Péan à Saint-Gilles et livrait à l'éditeur Vollard une suite de douze lithographies en couleurs.

En 1900, il exécutait pour l'hôtel du comte
Kessler, à Weimar, une seconde décoration qu'il
intitulait *La Forêt aux jacinthes* et peignait pour
l'hôtel de M. Moreau-Nélaton, faubourg Saint-
Honoré, une autre décoration qu'il intitulait *le Jeu
de volant*.

Enfin en 1901 — sans préjudice de son envoi à la
Société Nationale — il décorait entièrement de
peintures et de vitraux la chapelle de la Sainte
Vierge dans l'église du Vésinet. Cette chapelle —
visitée par tous ceux qui s'intéressent à l'évolution
de la peinture moderne méritait les suffrages les
plus flatteurs. Par cette suite de peintures d'un accent sincèrement religieux, composées avec science
et exécutées avec amour M. Maurice Denis se clas-
sait comme l'un des artistes français les mieux doués
pour la grande décoration. Les meilleurs juges

firent le petit voyage du Vésinet pour voir en place ces peintures décoratives et se rendre compte de l'effet d'ensemble. Ils s'étonnèrent de l'énergie déployée par ce jeune homme pour mener à bonne fin et si rapidement une œuvre aussi importante, de l'originalité tranquille de cette composition, du charme fluide, persuasif de ces figures féminines, de ces anges et de ces personnages sacrés, de l'aisance avec laquelle cet artiste noue et dénoue les groupes selon l'effet qu'il en veut obtenir, du sentiment éminemment décoratif dont l'œuvre tout entière témoignait, de la qualité du sentiment religieux et artiste qui s'y révélait, de la fraîcheur et de la grâce du coloris, de l'ingéniosité jolie des idées de détail, et de la majesté recueillie de l'ensemble. Par une sorte de consentement, de propagande orale — extrêmement efficace — l'opinion se répandit qu'il se pourrait qu'on assistât à une renaissance de l'art religieux et que M. Maurice Denis en serait le stimulateur. On s'accorda à reconnaître que cette œuvre marquait une date qui n'était pas sans importance et que l'art pictural décoratif tout entier — en ses applications multiples et presque innombrables — comptait désormais un artiste sur qui l'on pouvait fonder les plus grands espoirs.

Deux ans après cette réalisation — c'est-à-dire en 1903 — M. Maurice Denis complétait son œuvre dans cette église du Vésinet par la décoration d'une seconde chapelle — celle du Sacré Cœur — de mêmes dimensions que la première et symétriquement placée de l'autre côté du chœur. Un petit couloir voûté semi-circulaire forme entre les deux sanctuaires une transition que modulent dans les petites verrières des harmonies de couleurs.

Moins touchante peut-être mais d'une composition plus savante, d'une science technique plus manifeste et d'une gamme de couleurs plus ardente, cette chapelle du Sacré-Cœur forme avec la chapelle de la Sainte-Vierge le plus bel ensemble de peinture décorative religieuse qui ait été exécuté depuis les grands travaux des élèves d'Ingres dans les églises de Paris. On ne peut lui comparer et surtout on ne peut lui préférer que la décoration de l'église de Berck par Albert Besnard. Si la décoration des nouvelles églises de France échappe au goût désastreux des entrepreneurs de la place Saint-Sulpice, c'est de ces deux grands efforts originaux qu'il faudra dater la Renaissance de l'art décoratif religieux.

En cette même année 1903, M. Maurice Denis livrait à l'éditeur Vollard une suite de deux cent seize illustrations gravées sur bois pour une Imitation de Jésus-Christ. Et presque chaque année depuis lors, M. Maurice Denis a exécuté, outre ses tableaux de chevalet pour le Salon de la Nationale, le Salon des Indépendants et le Salon d'automne un important ensemble décoratif. En 1905, c'était la décoration d'une chambre de musique pour M. de Mutzenbecker à Wiesbaden. En 1907 le vestibule de l'hôtel privé de M. Rouché. En 1908, la salle à manger de M. Gabriel Thomas à Bellevue : *l'Éternel printemps*, et, au Salon d'automne, l'*Histoire de Psyché* pour la chambre à coucher de M. Morosoff à Moscou. Ajoutez pour cette année la suite d'illustrations gravées sur bois et en couleurs pour la traduction de la *Vita Nova* du Dante par M. Henry Cochin. En 1909, M. Maurice Denis décorait sa propre salle à manger de Perros-Guirec en Bretagne et complétait par trois panneaux en hauteur la décoration de M. Morosoff à Moscou. Il peignait encore *le Soir florentin* pour M. Charles Stern. En 1910, les grands panneaux décoratifs étaient intitulés : *le Christ aux Enfants, Orphée, Saint-Georges de Cappadoce* et *Nausicaa*. En 1911, il exposait — outre ses tableaux de chevalet — la suite admirable des illustrations pour les *Fioretti* de Saint-François d'Assise et *l'Age d'or* pour le prince de Wagram. A la fin de 1912, il montrait à ses amis, marouflés dans la coupole d'un nouveau théâtre de l'avenue Montaigne, les 372 mètres carrés de la vaste frise décorative qui pourrait s'intituler : *la Musique*.

Il se peut que cette liste soit incomplète. Elle suffit en tout cas pour démontrer que pas un peintre contemporain n'a été l'objet d'autant de commandes et qu'aucun autre peut-être n'aurait pu s'en acquitter avec une si merveilleuse aisance.

On remarquera cependant que pas un de ces grands travaux n'a été exécuté à la suite d'une commande officielle. M. Maurice Denis n'est même pas représenté au musée du Luxembourg[1]. Il n'a été soutenu

1. En 1911 M. Dujardin-Beaumetz lui confia la décoration de l'une des pièces du nouveau Luxembourg, mais c'était une commande « éventuelle ». Ce n'est qu'en 1912 qu'ont été acquis pour le musée des Arts décoratifs les peintures de l'église Sainte-Croix détachées de leurs murs à la suite de la Séparation de l'Église et de l'État.

que par l'initiative privée et c'est à lui seul qu'il
doit d'avoir su provoquer ces initiatives et d'avoir
réussi à leur donner satisfaction.

LA FORMATION

Nous pouvons déduire avec certitude de ces prémisses que les qualités les moins contestables de
M. Denis sont une énergie singulière, un esprit de
suite qui ne connaît pas de défaillance et une
incomparable puissance de travail. On peut aussi
inférer de cette suite considérable de grands travaux que M. Maurice Denis a su s'imposer la plus
stricte des disciplines morales, qu'il a su choisir et
maintenir une méthode de travail excellente et
rigoureuse, qu'il a eu enfin la chance (qui n'advient
jamais qu'à ceux qui la méritent) d'avoir su découvrir, dès le début de sa carrière, dans quelle direction il devait développer sa personnalité. Sur sa
destinée, sur le but à atteindre, sur les moyens à
employer, il a eu des certitudes précises. Constatation presque sans exemple dans l'histoire des artistes
contemporains, il n'a connu ni trouble, ni incertitudes, ni erreurs de direction. Né décorateur, il

prit immédiatement conscience de ses qualités
essentielles, il eut l'intuition des défauts contre
lesquels il aurait à lutter, il sentit par quelles gra-
dations il pouvait s'élever jusqu'au style, devina
dans quel sens il lui serait utile de développer sa
culture et perçut avec une étonnante sûreté de coup
d'œil à quel point exact de l'évolution de la peinture contemporaine il lui serait utile de chercher
son point d'appui, d'abord pour donner à ses travaux un point de départ stable et pour ainsi dire
des fondements classiques, ensuite pour faire son
profit des résultats acquis par ceux qui l'avaient
précédé, enfin pour bénéficier des recherches de tous
ceux qui découvraient autour de lui des techniques
et des directions nouvelles.

Avec une sûreté exceptionnelle il comprit — à
vingt ans — que les deux grands courants de la
peinture au XIXe siècle : le classicisme d'Ingres et le
romantisme de Delacroix, ayant abouti, d'un côté
aux pauvretés académiques, de l'autre côté aux notations directes des impressionnistes, ne pouvaient
ni l'un ni l'autre lui donner satisfaction entière. Il
comprit en même temps que la grande décoration
murale, sans renier l'enseignement classique d'In-

gres et de ses élèves, pouvait se renouveler par les découvertes impressionnistes.

Nous aurons plus tard l'occasion de rechercher par quel étrange détour — Cézanne, Van Gogh et l'école de Gauguin à Pont-Aven — M. Maurice Denis retrouva la grande lignée classique et renoua pour son compte personnel la tradition instituée par Raphaël dans les Chambres du Vatican. Qu'il nous suffise pour le moment d'avoir signalé cette filiation élective et d'indiquer en quelques mots que cet artiste sollicita aussi des primitifs italiens et français un enseignement précieux : la recherche par les colorations et par les formes d'un certain ordre de beauté sentimentale.

C'est de ces éléments divers — que d'autres auraient pu croire inconciliables — que s'est formée la personnalité de M. Maurice Denis. Cette personnalité est, par conséquent, des plus complexes. Devant une de ses peintures décoratives il n'est guère de spectateurs qui ne se soit ingénié à discerner de la part d'invention qu'il lui est propre des influences qu'il a subies. Devant un tableau de M. Maurice Denis il est rare que l'on n'entende pas prononcer le nom de Fra Angelico, celui de

Raphaël, tel ou tel nom des élèves d'Ingres et aussi
le nom de tel ou tel de nos contemporains de l'école
impressionniste ou néo-impressionniste. Dans
l'esprit de ceux qui établissent ces rapprochements
il est fréquent qu'on puisse sentir une tendance
au dénigrement. Les tenants de l'école académique
ne veulent pas reconnaître dans ces œuvres la
tradition des maîtres dont ils se réclament. Plus
d'un « novateur » impressionniste fait la moue
comme s'il avait sous les yeux des œuvres de seconde
main. Devant les œuvres de sentiment religieux
les ecclésiastiques les mieux intentionnés, les
croyants les plus sincères éprouvent je ne sais
quelle gêne dont ils s'expliquent assez vaguement en
prononçant les mots de modernisme, d'impressionnisme et parfois même d'art décadent.

Cependant l'autorité de Maurice Denis grandit
d'année en année, il poursuit avec une ténacité inlassable l'exécution de travaux si nombreux que tout
autre aurait le droit d'en être accablé, il forme des
élèves, utilise les bonnes volontés et prouve le mouvement en marchant d'un pas chaque année plus
allègre. Le moment n'est pas loin où il sera reven-
diqué par toutes les écoles. Devant la grande frise

décorative du nouveau théâtre de l'avenue Montaigne, M. Georges Desvallière disait : « Je sens que c'est ici qu'aboutissent les efforts désordonnés de ces trente dernières années... »

Tâchons d'établir un peu d'ordre dans ce chaos d'impressions plus ou moins contradictoires.

LE CHOIX D'UN ORDRE DE SENTIMENTS

A vingt ans de distance, quand on retrouve dans la collection de M. Henry Lerolle *le Mystère catholique*, premier tableau à l'huile qu'exposa M. Maurice Denis aux *Indépendants* de 1891, on constate avec stupéfaction que dès cette première œuvre l'artiste s'était révélé presque tout entier.

Se détachant sur un mur gris verdâtre percé d'une large fenêtre par laquelle apparaît un coin de paysage limité à l'horizon par une colline rousse et un peu de ciel, la Sainte-Vierge, auréolée d'une nimbe jaune-rose, est assise en robe blanche, la tête recouverte d'un voile, l'une des mains sur les genoux, l'autre pendant presque jusqu'à terre et tenant du bout des doigts un livre à couverture

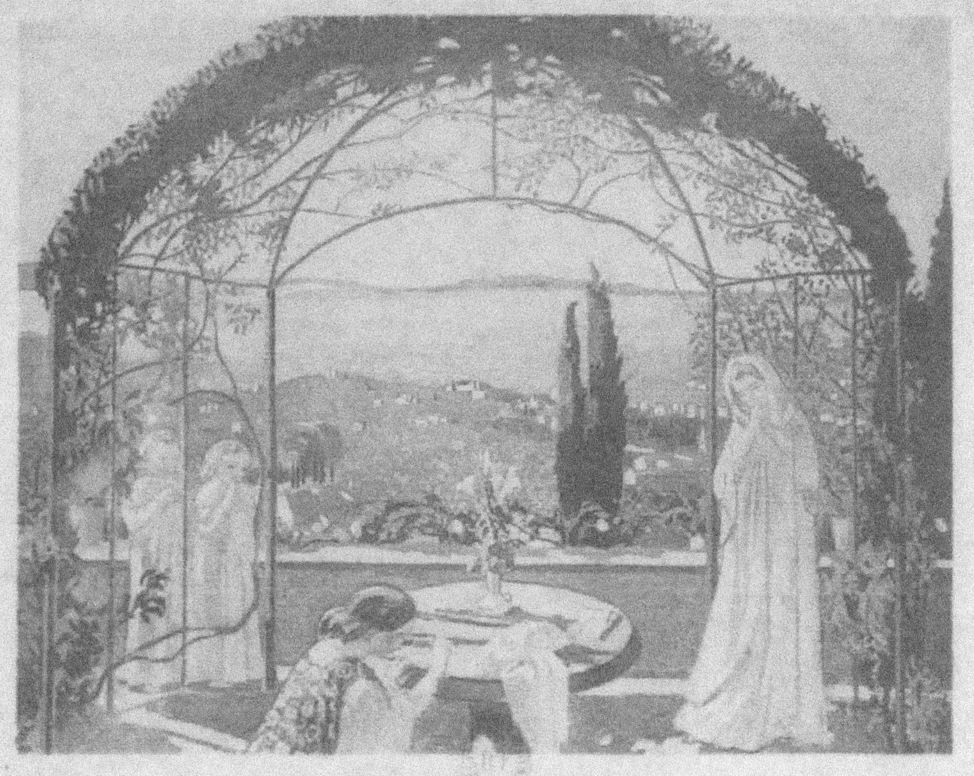

L'ANNONCIATION

Cliché Druet

sombre. Elle penche la tête et regarde avec un
étonnement ému deux enfants de chœur dont les
surplis blancs laissent passer à hauteur du pied une
bande rouge qui répond au col de la même couleur. Chacun d'eux porte un grand cierge dont la
poignée est également rouge. Ils précèdent un
diacre vêtu d'un surplis blanc que rehaussent les
lignes rouges de la chasuble vue de profil et de
l'épaulette vue de face. Ce diacre, d'un geste noble,
porte grand ouvert sur sa poitrine et soutient de
ses deux mains le livre des Évangiles.

Le tableau est de petites dimensions[1]. Il contient
en substance l'œuvre future de M. Maurice Denis.
Avant tout : le choix d'un ordre de sentiment. Ce
tableau est d'inspiration catholique et de sentiment
familial. M. Maurice Denis, qui avait alors vingt ans,

1. Environ 0,80 sur 0,60. Verra-t-on un trait de caractère
dans le petit fait suivant? M. Henry Lerolle, ayant remarqué
ce tableau aux Indépendants, en demanda le prix au bureau.
On lui répondit : 2.000 francs. Il écrivit à l'auteur, qu'il ne
connaissait pas, pour lui demander si ce prix n'était point
susceptible d'une réduction. M. Maurice Denis, bien que ce
tableau fût son premier, lui répondit sans détours que c'était
à prendre ou à laisser. Au cours de l'année suivante, M. Lerolle retrouva ce tableau avec *le Soir Trinitaire* chez Le
Barc de Boutteville et se décida à les acheter tous les deux.

habitait une petite maison de Saint-Germain-en-Laye[2]. Il avait rencontré, dans le cercle des relations de ses parents, une jeune fille de dix-huit ans et il lui avait demandé de poser. Deux garçonnets et un jeune homme servaient de modèle pour les autres personnages. Par une sorte d'instinct le jeune élève de l'académie Jullian écartait les modèles professionnels qui ne pouvaient pas lui offrir ce qu'il désirait avant tout : une qualité particulière de sentiment, une pudeur, un charme virginal, une fraîcheur d'âme innocente. Enfants ou adolescents, ces quatre personnages sont d'une ingénuité délicieuse. Sur leurs visages charmants rien de bas ou de vil ne s'est encore inscrit. Leurs attitudes, leurs gestes, leur façon même de se comporter vis-à-vis des autres respirent l'innocence et la retenue.

L'idée du tableau ou, si l'on veut, le sujet est d'une ingéniosité non moins touchante. Ce n'est plus l'ange venu du ciel et n'ayant avec les hommes presque rien de commun qui vient annoncer à Marie qu'elle sera mère de Dieu. Ce rôle est dévolu par une ingénieuse anticipation à l'Église Catholique représentée par un jeune clerc tenant en

2. Rue Fauqueux.

mains les Évangiles. Ce clerc symbolise la hiérarchie et l'ordre catholiques, c'est-à-dire l'Église telle qu'elle a été instituée par les apôtres et telle qu'elle se présente encore de nos jours, le prêtre demeurant l'intermédiaire nécessaire entre les fidèles et Dieu. Ainsi, par une inspiration peut-être inconsciente, M. Maurice Denis renouvelait le sujet et le rapprochait de nous. On sent ce qu'il y a d'intellectuel dans ce renouvellement d'une scène entre toutes ressassée et quelle différence il y a entre cette façon de présenter le sujet et le procédé matériel qui consiste à habiller de vêtements modernes les personnages des drames sacrés. On a fait grand éclat jadis de ce changement de costumes dans certains tableaux religieux modernes. On nous permettra de noter la différence.

Du point de vue plastique, enfin, et du point de vue technique, ce petit tableau nous permet de constater à quel point le jeune peintre, dès la vingtième année, était déjà le maître de sa pensée et de ses moyens d'exécution.

Dès son premier tableau M. Maurice Denis avait trouvé ses principaux accords de couleurs, sa façon de dessiner, sa manière de poser les tons par teintes plates et de modeler par les colorations plus que par le jeu traditionnel des ombres et des lumières. A l'exemple des Impressionnistes il bannit le noir de sa palette. Les tons qui paraissent noirs sont faits avec des bleus et des verts. Sa gamme de couleurs se compose surtout de gris s'accentuant jusqu'au rouge et se dégradant jusqu'au verdâtre et au rose. Enfin les blancs jouent dans cette harmonie restreinte et délicate un rôle prépondérant.

Du seul point de vue couleur, ce petit tableau est une harmonie de gris verdâtres avivés de rouge, de brun et de jaune, soutenus par des bleus et des verts foncés, pénétrés presque partout de blancs-gris. Il n'y a pour ainsi dire pas d'ombres. Tout au plus dans les plis du voile de la Vierge et dans les plis du rideau de la fenêtre des différences de coloration se dégradant vers les gris rosés marquent-ils l'ombre des plis. Les blancs verdâtres et les blancs rosés jouent un rôle capital. Tout l'appui de la fenêtre, tout le rideau, les à-plats qui entourent les carreaux, le grand livre ouvert, le col du jeune diacre, le petit paysage entrevu par la fenêtre, et, derrière la colline roussâtre, le petit coin de ciel, forment une gradation délicate de

blancs nuancés réagissant les uns sur les autres.
Cela est tendre, juvénile, virginal et d'une candeur
délicieuse. Le petit vase de couleur foncée posé sur
l'appui de la fenêtre et d'où s'érigent des lis se des-
sine presque en ombre chinoise sur le blanc du
rideau. Il est vu et exécuté à la manière des Primitifs.

Pour accentuer encore cette impression de blancheurs nuancées, l'artiste a encadré son tableau d'un
passant de bois blanc et d'une bordure de bois naturel jaune. On sent que même le cadre a été voulu
par la couleur. On pense aux lettres de Van Gogh
et à l'importance que cet artiste attachait à ces
menus détails d'encadrement. Dans son esprit la
coloration du cadre faisait partie de l'harmonie
générale du tableau, la complétait et la rassemblait.
Ainsi en a-t-il été pour Maurice Denis. Il a conçu,
exécuté et encadré son tableau pour un effet de
couleur et cette harmonie de couleur s'est liée dans
son esprit à la candeur du sentiment et à son ingéniosité.

De combien d'œuvres de Maurice Denis — et je
ne parle que des meilleures s'échelonnant sur
toute la durée de sa carrière — pourrait-on faire

— le sujet étant mis à part — à peu près la même description? Il est extraordinaire qu'un jeune homme composant et peignant son premier tableau ait tracé, avec autant d'ordre et sur un aussi petit espace, comme un raccourci de son œuvre future si extraordinairement abondante et variée.

Le métier ou, si l'on veut, la technique de ce tableau est aussi, à peu de chose près, la technique dont il se servira jusqu'à nos jours. Tout au plus peut-on remarquer un peu plus de pointillisme méticuleux que l'on n'en retrouvera dans la suite. Ce sont presque des tons divisés, posés par très petites touches et se liant les uns aux autres à l'intérieur d'une arabesque linéaire délimitée non par un trait, mais par une nuance de coloration.

Dès ce début, Maurice Denis avait trouvé son style, sa palette, sa technique, la qualité du sentiment qui lui est propre, sa manière de modeler et, dans une mesure assez grande, sa manière de mettre en toile et de voir « en décorateur ». Il lui restait à acquérir des idées plus générales, plus de souplesse, plus d'aisance, plus de liberté heureuse dans l'arabesque décorative, il lui restait à enrichir sa palette, à varier et surtout à simplifier ses moyens d'éxécution, à développer enfin ses facultés d'invention et son imagination.

C'est dans ce sens qu'il va se développer rapidement pour atteindre à la maîtrise avec une extraordinaire célérité.

Le *Soir Trinitaire* date de l'année suivante. Il se compose de trois jeunes filles assises par terre sur une prairie sombre émaillée de fleurs des champs dans un paysage très simplifié dont le fond est égayé par les indications colorées de petites maisons gris-rose et des arches d'un viaduc.

Du point de vue « palette » ce second tableau marquerait plutôt une régression qu'un progrès dans la voie où l'artiste devait s'avancer désormais si allègrement. La gamme de couleurs s'est assombrie. Tout le tableau en est attristé. Il y a des noirs. L'une des trois jeunes filles assises est entièrement vêtue de noir et sur la chevelure de l'une des jeunes filles nues est posé un petit chapeau qui est également noir. On remarquera la gaminerie de ce détail de toilette et la petite étrangeté de faire poser l'une à côté de l'autre, dans une prairie vert sombre, deux jeunes filles entièrement nues (dont l'une porte un petit chapeau) et une de leurs amies habillée de noir. C'est, dans l'œuvre de M. Maurice Denis, à peu près le seul tableau où se révèle — par ces détails — une certaine morbidesse de sentiment et une sorte de réalisme à la Manet compliqué d'un peu de bizarrerie.

Mais ce ne sont que des détails. L'important de ce tableau c'est la façon dont les deux jeunes filles nues sont conçues et exécutées. Celle qui se présente de dos presque au premier plan a une chevelure blond verdâtre d'où retombe un voile blanc qui se prolonge entre les deux épaules jusqu'au sol. Celle qui se présente de profil est mince et d'un dessin serré, d'une arabesque rassemblée qui fait penser aux baigneuses d'Ingres. Devant ces deux nus, on devine que M. Maurice Denis avait pressenti le rôle qu'allait jouer dans son développement artistique l'exemple et les conseils de M. Ingres. Et c'est à cause de cette indication — précieuse pour ceux qui aiment à préciser les origines — qu'il n'est pas sans intérêt de noter que l'admiration pour Manet paraît avoir, un instant, joué un rôle dans la formation du jeune artiste. Outre que la gamme de couleurs s'est assombrie, la façon de modeler n'est plus la même et se différencie de la

manière qui sera celle de toutes les années postérieures. En ce *Soir Trinitaire*, Maurice Denis
modèle dans une certaine mesure « par les
ombres » selon la méthode traditionnelle, et le
cerne qui délimite ses personnages est vu par le
trait ou plutôt par l'ombre brune bien plus que
par les reflets de coloration.

Mais ce ne sont que des nuances. C'est le sentiment — si personnel malgré les analogies lointaines que j'ai signalées — qui est l'essentiel de ce
tableau. La petite pointe d'étrangeté avive encore
notre plaisir. Nous retrouvons le goût inné de l'auteur pour les Primitifs dans la façon dont la prairie
vert sombre, émaillée de fleurs des champs, est
traitée. On pense à la prairie délicieuse du Retable
de l'agneau[1]. Et on se plaît à constater avec quel
ordre et quelle instinctive habileté décorative
M. Maurice Denis a disposé ses personnages, leur
a donné exactement le fond et l'ambiance qu'il
fallait pour en faire chanter les sonorités, avec
quelle émotion tendre il a regardé ses modèles et
les a transposés en dehors de toute imitation littérale dans un domaine « décoratif ».

1. Par Van Eyck.

LES PREMIÈRES DÉCORATIONS

C'est parce qu'ils reconnurent en ce tableau ces qualités « décoratives » que deux connaisseurs excellents, M. Théodore Duret et M. Henry Lerolle, se retrouvèrent devant ce tableau au Salon des Indépendants et que celui-ci, après en avoir décidé en principe l'acquisition, se résolut à donner au débutant une commande qui lui permît de se révéler plus complètement. A la suite de cette Exposition de 1891, M. Henry Lerolle demanda à M. Maurice Denis un ouvrage essentiellement décoratif : un plafond. L'œuvre fut exécutée en quelques semaines.

En travaillant pour un espace déterminé[1] le décorateur se révèle. Ce plafond représente, sur le feuillage vert-sombre d'un marronnier trois jeunes filles vêtues de jaune-gris-rose-doré. Elles sont disposées par échelons sur une échelle tandis que, tout en bas, on ne voit d'une quatrième jeune fille que la tête et la chevelure rousse, l'indication des épaules et des bras.

1. Environ 2 m. 50 $\times$ 1 m. 60.

La qualité essentielle de ce plafond, c'est l'ampleur décorative de l'arabesque s'enroulant et se déroulant pour rassembler tout le sujet, lui donner du style, emplir tout l'espace à décorer, ne pas le surcharger, ménager, dans le feuillage qui forme le fond, des trous de lumière jaune représentant des échappées sur le ciel, et donner à ces échappées de lumière, par l'indication du contour des feuilles, un aspect éminemment décoratif.

La seconde qualité de ce plafond, c'est de ne faire valoir cette arabesque que par des différences de colorations, des gris pénétrés de roses qui semblent l'émanation en reflet des grandes teintes à plat de ces robes jaune-rose. Cela est vu par grandes taches et ces taches sont posées par grandes teintes plates, bien dans le mur, sans que rien joue au trompe-l'œil ou accapare l'attention. Aucun empâtement. On sent que la toile a reçu d'abord un dessin sommaire fait par grandes lignes souples, et que l'artiste a posé ensuite les tons à l'intérieur de son arabesque colorée, comme un émailleur, dans les compartiments de sa surface « cloisonnée », introduit ses pâtes colorées et calcule les réactions qu'elles auront l'une sur l'autre.

On remarquera que ce plafond n'a pour ainsi dire pas de sujet. C'est une œuvre de peintre qui ne pense qu'à faire de la peinture. Nous sommes de ceux qui pensent que les œuvres ultérieures marqueront un grand progrès parce que le sujet — en précisant l'idée picturale — peut être pour l'exécutant un stimulant singulier et qui porte à leur paroxysme ses qualités de vision et de sentiment. On comprend cependant que certains peintres se plaisent à ne considérer chaque œuvre que du point de vue « peinture » et en arrivent à faire abstraction du sujet[1].

***

Dans cette même collection Henry Lerolle, acheteur prophétique des œuvres de la première heure, se trouvent encore quelques œuvres impor-

1. En poussant à fond ce principe, certaines écoles, de nos jours, font systématiquement abstraction du sujet au point de ne plus laisser deviner au spectateur quel motif de nature a été le point de départ de leur émotion. Ils décrivent leur émotion devant des objets sans nous faire connaître quels sont ces objets. Tels sont par exemple les peintres dits cubistes.

tantes. Les *Vierges sages*, qui datent de 1893, font sentir l'admiration grandissante de M. Maurice Denis pour les Primitifs et les bénéfices moraux et matériels (du point de vue peinture) qu'il retire de leur enseignement.

Sur une prairie verte, une jeune fille en robe grise est assise, parmi les jeunes troncs de pommiers dont les feuillages verts et les pommes jaunes forment le haut du tableau. Elle tient un livre sur les genoux. Dans le fond, on distingue des indications de jeunes filles nues (sans doute les Vierges folles), et à droite, un paysage sommaire où se distinguent les arches d'un viaduc. Les plis de la robe du personnage principal sont traités à la manière du maître de Flémalle. Ils sont méticuleux et amples, et donnent à cette jeune fille qui tient un livre, un je ne sais quoi de virginal, de grave, de tendre et méditatif. Du point de vue coloration il n'y a ni progrès ni régression. C'est du Maurice Denis d'alors et de toujours.

Ainsi en est-il encore pour les *Femmes aux lilas* de 1898 qui représentent deux jeunes femmes nues debout, à côté du tronc d'un lilas qui se déploie au-dessus d'elles, dans un paysage de jardin où des indications de maisons très claires répondent aux draperies presque aussi claires qui font chanter les tons de la peau. Les fleurs sont d'une coloration très tendre. Et il est remarquable que le vert de l'herbe sur le sol soit pénétré des tons lilas qui se jouent aussi en reflets sur les nus de ces deux jeunes femmes et ne se précisent que sur les fleurs printanières de l'arbuste. Tout ramener à la couleur et à des jeux de nuances, voilà la théorie tacite dont ce tableau est le commentaire. Ajoutons que l'influence de Gauguin se manifeste par la façon de mettre en toile, le système de coloration, et, dans une certaine mesure, par le sentiment général.

Les œuvres acquises ou commandées à peu près à la même époque par M. Ernest Chausson et notamment le plafond « Avril » qui date de 1894 sont les commentaires du même principe.

Désormais il n'y a plus d'étapes importantes à préciser dans cette carrière. Maurice Denis est en possession de sa maîtrise. Il pourra encore faire des progrès. Il pourra encore s'affiner, s'enrichir et parvenir à plus de grandeur et à plus de style; il pourra perfectionner son dessin toujours un peu gauche et un peu lourd, enrichir sa palette parfois monotone, se rapprocher ou se dégager, selon l'inspiration du moment, des influences qu'il consentira à subir, mais ce sera par une évolution pour ainsi dire insaisissable, par le développement progressif et normal de sa personnalité, par l'aisance de plus en plus grande de son exécution mise au service de ses facultés d'invention et de son imagination.

LA DÉCORATION DU COLLÈGE DE SAINTE-CROIX

Quand il aborde la décoration du mur d'autel de la chapelle Sainte-Croix du Vésinet, M. Maurice Denis n'a donc qu'à s'interroger et à s'exprimer lui-même. Il se souvient de son premier pastel l'*Enfant de Chœur*, et de son premier tableau *Mystère Catholique*, il se souvient des rouges de son jeune diacre et des blancs nuancés de bleu de ses deux porteurs de flambeaux, et de sa première Sainte-Vierge. De tous ces éléments déjà acquis il compose une œuvre nouvelle et d'un sentiment décoratif étroitement adapté à l'espace qu'on lui confie.

Cette décoration est une glorification picturale du sacrifice de la messe. Des enfants de chœur chantent le *Sanctus* et balancent des encensoirs. Derrière eux de grands écoliers aux ailes d'anges chantent à l'unisson en marquant le rythme d'un geste de la main. Au-dessus d'eux s'épanouit une vigne et, vers l'horizon, on aperçoit des champs de blé baignés de soleil que traverse en serpentant une rivière bleue bordée de hauts peupliers s'élançant jusque dans le ciel à travers lequel passent des anges portant la Croix Rédemptrice. Les rouges, les blancs, les jaunes, le vert et les bleus sont posés par grandes teintes plates. C'est une harmonie sobre et chaleureuse d'un sentiment naïf et très religieux.

LA DÉCORATION POUR M. HENRY COCHIN

Peinte pour l'hôtel privé de M. Denys Cochin à la suite de cette décoration du Vésinet, la légende de Saint Hubert mêle à un sentiment très religieux une sorte de fougue romantique. La décoration couvre les trois murs et le plafond d'une petite salle rectangulaire. Un vitrail occupe le quatrième

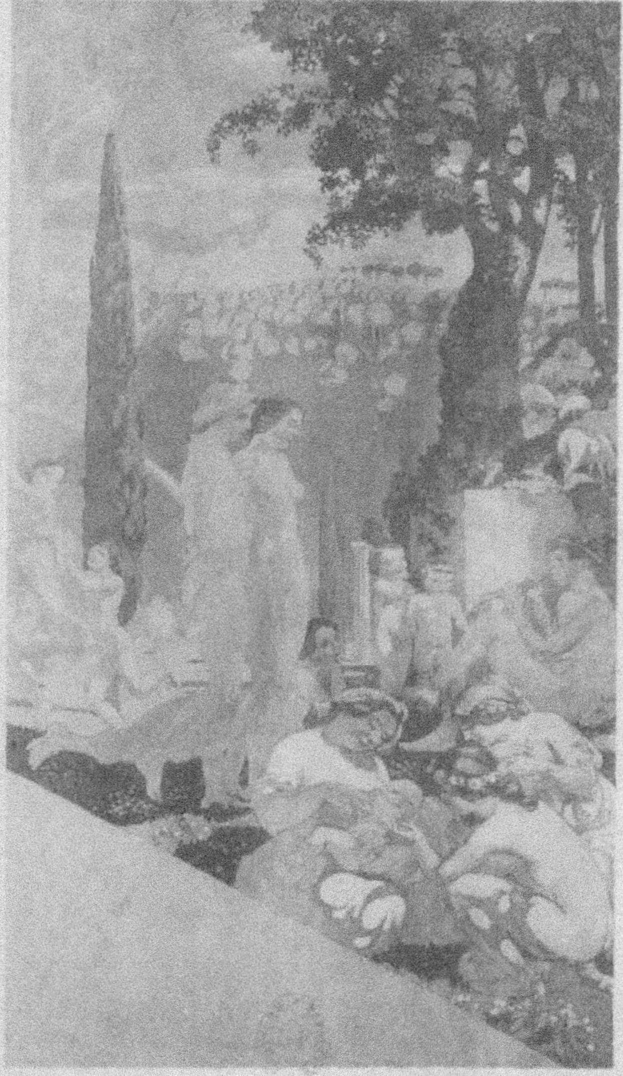

Cliché Druet

L'AGE D'OR

mur. L'ensemble commence par le portrait de M. Denys Cochin en costume de chasse vert sur un cheval blanc, entouré de sa femme, de son fils, de ses deux filles en tricorne à galon d'or, tous à cheval et suivis d'une meute. Derrière eux on aperçoit une colline d'un roux automnal et à flanc de côteau, un délicieux petit village blanc très recueilli. Le sol est rose, traversé d'arabesques d'ombres colorées d'un gris-rose. Les grandes taches blanches des chevaux font chanter le roux de la colline et le vert des costumes de chasse. Il y a quelque raideur dans les mouvements, et le tout est un peu scolaire, bien que vivant et vigoureux.

II. — Dans la même gamme, sur le même sol rose, un piqueur vu de dos sur son cheval à grosse croupe, sonne du cor. Les deux amazones en costume bleu sombre conduisent la meute et les cavaliers les suivent. C'est un peu sommaire, mais il y a du mouvement. Les valeurs ont quelque uniformité. Trois troncs presque noirs sont du même ton. Le sentiment de la nature ne vivifie pas toutes les parties de l'ouvrage. C'est sur un motif donné une adroite variation.

III. — On sent que l'auteur a admiré les beaux

mouvements de Delacroix. Il veut que son œuvre soit mouvementée. Cela est d'autant plus digne de remarque qu'on ne retrouve plus que rarement dans les œuvres ultérieures ce désir de mouvement. La meute — blanche et jaune — court avec ardeur sur un terrain montueux malaxé de divers tons où les gris et les bruns dominent. Un reflet de soleil jaune est diffus sur ce coin de forêt. On a une impression de nature, si transposé que soit ce sentiment. On sent que l'auteur s'est servi d'études faites en plein air. C'est peut-être de tous les panneaux le plus exclusivement pictural.

IV. — Sur le mur du fond c'est *Le Miracle*. Un tronc énorme divise la scène en deux parties. D'un côté trois jeunes chasseurs en habit gris, culotte et grandes bottes sombres sonnent du cor. Ce sont des adolescents dont les boucles retombent sur la nuque. Ils ressemblent à de jeunes anges qui joueraient de la trompette devant le trône de Dieu. Ils sont très touchants. Devant eux le cerf s'agenouille dans une lumière dont les ombres sont rouges. Le crucifix rayonnant se dresse entre ses bois.

A notre gauche arrive un chasseur noir dont le

cheval blanc se cabre, et toute la scène se profile
sur un petit lac jaune clair bordé d'une colline
rousse que couronne un grand ciel jaune. Le tout
traité par larges plans. Le sol violacé pénétré de
fougères rousses se relie à la scène dramatique qu'il
supporte et contribue à l'encadrer. Rien d'inutile.
Un je sais quoi de fantastique et de simple. Le cerf,
loin d'être littéral, n'est peut-être même pas, du
point de vue anatomique, très défendable, mais il
est significatif. Et cela vaut mieux. C'est un ani-
mal transfiguré par la fonction dramatique dont il
est investi. Ce panneau est le plus simple et le plus
beau de tous. La part d'invention est très grande.

V. — Sur le même sol rose, dans la même forêt,
la chasse semble avoir perdu son chemin. Six ou
sept cavaliers se regardent tournés dans tous les
sens. Au premier plan la meute est désorientée.
Dans le haut un peu de ciel verdâtre. On peut dis-
cuter l'anatomie des chevaux. Elle est insuffisante.
Cependant le sentiment est dramatique.

VI. — La chasse fantastique commence. Le sol
tourmenté se soulève sous l'effort des racines diabo-
liques. Un cheval et son cavalier passent, lancés au
galop. D'autres veulent les dépasser. Le sol est

jaune, presque rouge. Il se peut que ces chevaux se profilent en ombres chinoises. Cependant une fougue juvénile les emporte et anime toute la scène.

VII. — La chasse continue sa course. Sur le sol sont des aiguilles rousses de pins. Attiré par le son des cors fantastiques, un évêque en vêtements sacerdotaux, crosse en main, se présente sur le seuil de sa petite église forestière à façade toute nue d'un blanc-rose. Trois jeunes filles vêtues de blanc, leurs cheveux nois répandus sur les épaules, prient les mains jointes, pour ces chasseurs maudits. Derrière elles, un autre groupe — sombre — se compose de trois femmes en noir qui prient à genoux tandis que derrière elles sont des hommes debout et les bras croisés. On reconnaît M. Cochin, ses fils, sa fille, sa femme et sa mère. Tout cela est transposé, transfiguré, stylisé. Certains plis des vêtements de femmes font penser aux Primitifs. Une sensation de douceur, de joie et de rédemption se propage jusqu'à nous.

Au plafond, trois adolescents en costume de chasse jaune à bottes noires et à grandes ailes jaunes jouent du cor debout pour célébrer le miracle. Ils sont vus presque sans raccourci sur un grand ciel bleu où traînent des nuages roses.

L'ensemble laisse une impression profonde. C'est l'œuvre d'un artiste original. Il a une façon à lui de voir et de peindre. Il est déjà si habile que ses défauts même le servent. Les insuffisances de son dessin ont quelque chose de touchant. Le sentiment général est délicieux. La gamme de couleurs est riche et douce. Tout est décoré sans surcharge ni excès d'aucun genre. Et le langage de la couleur — dans cette petite salle rectangulaire — est encore plus expressif que le mouvement des personnages [1].

1. Les deux vitraux de l'unique fenêtre sont d'une entente décorative aussi heureuse. D'un côté une jeune fille cueille des fleurs dans un paradis luxuriant; de l'autre côté, une autre jeune fille en bleu, presque hiératique, passe dans le même jardin et un enfant nu lui présente une corbeille de fleurs et de fruits. Les plombs qui cernent les silhouettes font valoir le dessin. La distribution des taches est d'une belle ampleur. En certaines parties, par exemple sur la robe opaline ou le nu rose de l'enfant, l'artiste a obtenu des effets qui donnent l'impression du modelé sans que cependant l'œuvre tout entière cesse d'être vue d'ensemble ni qu'un morceau en attirant avec excès l'attention puisse rompre à son profit l'harmonie générale.

.·.

Il est impossible d'étudier une à une les œuvres décoratives de M. Maurice Denis. Elles sont trop nombreuses. Un volume n'y suffirait pas. C'est d'ailleurs par le sujet qu'elles se distinguent le plus nettement les unes des autres. De l'une à l'autre la palette, le dessin, la nuance de sensibilité et surtout la conception décorative demeurent les mêmes. C'est par une adaptation plus ou moins parfaite à l'espace qu'il s'agit de décorer, par le choix du sujet en accord avec la destination, et par la prédominance de telle ou telle gamme de couleurs de préférence à telle ou telle autre que M. Maurice Denis parvient à donner une impression de variété.

Rien de plus différent à première vue que la décoration de la chapelle du Sacré-Cœur au Vésinet et la frise décorative du théâtre de l'avenue des Champs-Élysées. Cependant les points de comparaison abonderaient. La seconde de ces décorations n'est qu'une application, pour une destination profane en des conditions bien déterminées, des principes généraux qui ont régi la décoration religieuse.

On peut rapprocher de la décoration de la chapelle de la Vierge au Vésinet la décoration du vestibule de M. Rouché qui date de 1907 et même *Le soir florentin* composé pour M. Charles Stern en 1910. En ces deux occasions la surface murale qui affectait la forme d'une voûte à nervures apparentes a déterminé des analogies que la différence des sujets et des colorations ne laisse pas oublier.

L'*Age d'or* du prince de Wagram, à cause de l'importance prépondérante des nus féminins, marque l'évolution du peintre vers une liberté plus grande. Ce n'est cependant qu'une conclusion différente des mêmes principes qui avaient abouti quelque temps auparavant à l'*Histoire de Psyché*, pour M. Morosoff, à Moscou. Il n'y a pas d'œuvre contemporaine qui donne plus manifestement l'impression de l'unité dans la variété.[1]

1. Dans l'église du Vésinet M. Denis préfère sa décoration de la chapelle Sacré-Cœur à celle de la chapelle de la Sainte Vierge. La conception de celle-ci a en effet moins d'unité que celle-là. Dans la chapelle de la Vierge la décoration de chaque panneau d'entre les nervures se suffit à elle-même, et les figures transversales ont été ajoutées après coup pour les relier entre elles. C'est un défaut, mais le sentiment est bien plus pur dans cette chapelle, bien plus grave et plus profond.

L'AGE D'OR POUR LE PRINCE DE WAGRAM

Dans la lumière crue du Grand-Palais, ces vastes panneaux livraient volontiers leurs secrets. On peut les considérer comme un raccourci de l'œuvre décorative de Maurice Denis. Examinons successivement du point de vue matériel et du point de vue intellectuel les plus caractéristiques d'entre eux.

Les blancs jouent un rôle capital. Ils sont d'une extrême variété. Ils se nuancent de gris, de rose et de jaune d'or. On les voit pénétrés à des doses extrêmement variables de rouges, de bleus et de verts. A première vue, cette modulation de blancs et de gris est si légère et si fine, que ces grandes surfaces murales en paraissent à peine colorées. Mais nous pouvions deviner, par la bordure de bois peinte en gris, dont l'auteur les avait entourées, que ces peintures étaient destinées à une pièce très claire et on avait le sentiment que M. Maurice Denis avait choisi sa gamme de couleurs en accord avec les boiseries d'encadrement et avec le plus ou moins d'intensité de l'éclairage que donne la disposition des lieux.

Le panneau du milieu présente une forme irré-
gulière. C'est un vaste rectangle en hauteur dont
l'angle du bas et à gauche se trouve abattu par une
particularité architecturale. Ce rectangle devient
donc un pentagone irrégulier. Loin d'être une
difficulté — pour un décorateur-né — ces irrégula-
rités de dimensions augmentent l'intérêt du problème et fournissent des prétextes de mise en toile
ingénieuse, des occasions de faire preuve d'une
certaine fantaisie et de donner à l'ensemble de
l'imprévu et de la variété.

Le sujet général de la composition a pour motif:
l'Age d'or. Dans le panneau principal M. Maurice
Denis a imaginé sur une plage de sable jaune qui
s'incurve au bord d'une mer très bleue que parsèment
des avancées de rochers roses un groupe de six
jeunes femmes nues dont quatre sont assises et
deux sont debout. Deux enfants nus sont près de
leur mère. Ces jeunes femmes regardent ou se
reposent. L'une tord ses cheveux. L'autre attache
sur ses épaules nues un blanc peignoir flottant.
Celle qui a des cheveux presque noirs est couronnée
de camélias vaporeux et tient sur ses genoux des
roses-thé reposant dans leur verdure. La plus

blonde est étendue tout de son long et dort d'un sommeil heureux.

Derrière ce groupe principal un adolescent nu chevauche un coursier blanc et l'on distingue, dans le lointain, d'autres baigneuses et d'autres jeunes gens nus à cheval.

Un grand ciel vert flotte au-dessus de la mer traversé de nuages d'un blanc rose. Presque au premier plan, surplombant le groupe de jeunes femmes, un vaste rocher rose se silhouette sur ce ciel. Deux amoureux sont à l'extrémité de ce promontoire. La jeune fille est assise, vêtue d'une tunique blanche, et tient des deux mains des pipeaux qu'elle applique contre sa bouche. Le jeune homme, derrière elle, est nu et les bras passés sous les siens, lui enseigne à tenir adroitement ces roseaux sonores.

L'un des deux panneaux qui sont tout en hauteur, représente sur un fond de mer bleue mêlée de jaune et de rochers, un jeune homme nu qui se laisse glisser d'un arbre pour tendre à une jeune fille presque nue un nid qu'il vient de détacher de l'arbre.

L'autre représente, sur un fond de verdure et

de montagne rose, une jeune fille nue qu'une de ses amies, drapée de blanc, soulève pour qu'elle puisse atteindre les grappes d'une vigne qui monte haut.

Le grand ciel vert qui apparaît dans chacun de ces trois panneaux établit entre eux des rapports étroits qu'accentuent encore les tonalités de bleu et de rose qui, de l'un à l'autre panneau, se répondent et s'équilibrent.

Comment Maurice Denis conçoit-il et exécute-t-il ces vastes décorations? Devant ces divers panneaux je sens nettement que c'est le régime des colorations qui détermine la disposition, et, dans une certaine mesure, la conception du sujet. Placé devant l'espace mural qu'on lui confie, l'artiste voit d'abord en imagination les taches colorées qu'il répartit suivant la disposition des lieux et il ne conçoit les détails de sa composition qu'en fonction de ces taches et de la disposition des lieux.

Pour le panneau principal, par exemple, ce sont les suggestions de la couleur qui ont déterminé la division tripartite se disposant dans le sens de la largeur. Presque la moitié de la toile est occupée par le grand ciel vert sur lequel s'avance le rocher rose portant les amoureux blancs. La moitié de ce

qui reste est consacré à la tonalité chaude d'une
mer bleue et le premier plan forme une base de
sable gris rose. L'importance que lui donneront les
personnages compensera ce qu'il y a de relativement restreint dans l'espace de ce premier plan. A
cause de la présence de ces personnages. cette
plage de sable rose deviendra la base fondamentale
du tableau mais l'artiste évitera que le regard du
spectateur soit accaparé par lui au détriment de
l'ensemble.

L'instinct autant que la raison gouverne cette
répartition des taches distribuées par grandes
masses, mais la raison et dans une certaine mesure
l'imagination interviennent pour donner une signification à ces taches et animer d'un mouvement
rythmique toutes ces formes, qu'elles soient de
personnages vivants ou objets en apparence ina-
nimés. Regarder le mur et, par la magie de l'imagination, en faire surgir des formes rythmiques qui
se présentent aux yeux aussi belles de lignes que
de colorations, unies à l'ensemble dont elles font
partie par une sorte d'enroulement invisible qui
prolonge l'arabesque d'une figure jusqu'à l'autre, les
encercle, passe aux bords du cadre et revient jus-

qu'au centre optique du tableau par des voies
flexueuses et cependant logiques, voilà le système décoratif. S'il fallait, pour me faire mieux comprendre,
trouver un terme de comparaison qui puisse, *a con-
trario*, préciser cette façon de M. Maurice Denis de
comprendre l'art décoratif, je citerais la très célèbre
« Voûte d'acier » par M. Paul Laurens, dans les
salons de l'Hôtel-de-Ville. Dans cette peinture
décorative c'est le sujet qui importe avant tout. Cela
représente une scène historique et qui intéresse
vivement tous ceux qui s'intéressent au sujet plus
qu'à la peinture. Ni l'arabesque, ni la répartition
des taches de couleur ne jouent un rôle important.
C'est un tableau de chevalet agrandi aux dimensions de l'espace à décorer. L'exactitude archéolo-
gique des costumes et de la disposition des lieux
sont, dit-on, irréprochables. Cependant on pourrait détacher du mur ce tableau et le transporter
n'importe où — et notamment dans un musée —
sans que ce transport lui soit préjudiciable. N'importe quel autre tableau « historique » pourrait
le remplacer sur ce mur. Il n'y a entre le lieu et
l'œuvre aucune identification. Ce n'est pas de l'art
décoratif.

Au rebours de ces « décorations » qui peuvent être placées n'importe où, les peintures de M. Maurice Denis se trouvent privées de leurs qualités essentielles si on les détache des murs pour lesquels elles ont été faites. Dans son atelier, devant la toile découpée aux mesures particulières de l'espace à couvrir, l'imagination de l'artiste dépasse constamment les dimensions matérielles qu'il a sous les yeux pour se représenter l'ensemble des lignes architecturales de la pièce pour laquelle il travaille et de l'édifice dans lequel se trouve cette pièce, si toutefois l'art de l'architecte a réussi à établir des relations sensibles entre les lignes extérieures et la disposition intérieure de l'édifice qu'il était chargé de construire. Le décorateur veut que son œuvre se confonde avec les pierres elles-mêmes et ne fasse qu'une avec elles. Le crayon à la main, il trace des courbes qui semblent vouloir prolonger les lignes architecturales, ne se déroulent que pour revenir s'enrouler sur elles-mêmes, évitant les parallèles dont Eugène Delacroix disait : « Ce sont des monstres », évitant plus soigneusement encore les angles aigus qui arrêtent le dessin et rompent l'harmonie, ne circonscrivant des vides qu'en les

rattachant par une courbe à la composition générale, ménageant des repos pour l'œil et précisant
des accents rudes, combinant les lumières vives et
les clartés assourdies, conduisant toute sa décoration comme un musicien conduit son orchestre,
c'est-à-dire en ne s'attachant aux diverses parties
isolées qu'en fonction de l'ensemble et du rythme
général. Au début de ce travail, devant la toile
couverte de traits au fusain, l'artiste seul peut
distinguer ce qui délimite le ciel vert, la mer bleue
le rocher rose et le sable jaune rose sur lequel il
médite d'animer ses personnages principaux.
L'angle abattu qui donne à son rectangle de l'irré-
gularité le force à rassembler ses personnages sur
sa droite.

En traçant les lignes courbes qui peu à peu se
précisent, silhouettent ses personnages, il sent
progressivement que c'est dans la pointe de cette
pyramide renversée qu'il devra situer l'accent le
plus fort de toute la gamme de couleur et que c'est
de là que tout irradiera, comme si de ce foyer
lumineux émanaient les rayons qui, par larges
ondes centrifuges, se répandront jusqu'aux extrémités supérieures du vaste panneau. Il sent où il

posera les rappels de sa tonalité principale. Il voit l'ensemble et il travaille déjà aux choses principales. La première figure qu'il établit est évidemment la figure de femme nue qu'il a représentée de dos et à genoux, appuyant sur les talons le bas de sa belle croupe, et relevant les [bras d'un mouvement très féminin pour se tordre les cheveux. Afin de lui donner plus d'importance par le volume et la forme il l'imagine de dos, mais il lui tourne vers nous le visage dans toute la mesure du possible. Ce sont ces cheveux blonds qui seront de toute la symphonie la note la plus vive et pour ainsi dire la dominante. Il est clair que toute la composition a été faite d'ensemble, dans la conception primordiale de l'élan de l'esprit et de la sensibilité, et il est sans intérêt de savoir si matériellement l'artiste a commencé par tel ou tel morceau ou s'il a travaillé à tous en même temps, mais je sens bien que la note importante est là. Quand même le peintre l'aurait réservée comme une suprême ressource pour, à la fin de son travail, se réserver la possibilité de changer brusquement les rapports et monter ou descendre à sa volonté l'échelle des tons, cela n'empêcherait point qu'il l'ait toujours eu présente à l'esprit comme un diapason silencieux. C'est le point le plus grave de toute la gamme. Il donne de la stabilité aux trois autres nus féminins et leur prête même quelque chose de sa consistance. Les trois autres nus, en effet, et les deux bambins se jouant font partie du système ou de l'art des « sacrifices » que M. Maurice Denis pratique avec courage et par lequel il atteint au style. Et je dis : c'est la note la plus grave, mais non la plus brillante ni la plus éclatante. Le rôle de cette tache est relativement occulte. Le centre optique du tableau, en effet, c'est-à-dire le point lumineux qui attire les regards du spectateur, c'est la femme debout et de face qui tient les bras derrière la nuque pour retenir et fixer le drapé flottant de son peignoir d'un blanc-gris. Elle a une attitude de Vénus vivante et s'inspire des attitudes d'Aphrodite. Elle a les genoux presque confondus par le mouvement en arrière d'une de ses jambes devenue presque invisible. Les hanches, au contraire, et le ventre se développent avec ampleur, s'arrondissent, se bombent, attirent et reflètent la lumière. Quelques ombres colorées placent où il est nécessaire des accents, font saillir les masses et font tourner les volumes, mais ne luttent jamais avec l'arabesque qui doit toujours garder sa netteté, sa force et sa valeur propre. A cette préoccupation on sent combien le procédé du peintre, posant toujours ses tons par grandes teintes plates, répond à une nécessité de son système décoratif. Ce nu vaut dans une certaine mesure par le modelé, mais c'est surtout une forme faisant partie d'un ensemble. Il importait que ce modelé restât « bien dans le mur » et qu'il ne pût lutter avec rien, ni surtout donner la sensation du réalisme.

Ce système décoratif est propre à M. Maurice Denis. Il est exactement à l'opposé, par exemple, du système décoratif de Véronèse qui, à la villa Mazère, ayant prodigué les couleurs les plus vives, les contrastes de tons les plus ardents, ne craignit pas, en certains endroits, de vouloir donner la sensation de la réalité sans exclure de ses procédés même le trompe-l'œil[1]. Véronèse poursuivait un idéal de magnificence et de virtuosité. Tel n'est pas le but que poursuit M. Maurice Denis.

1. Notamment dans les personnages accoudés à un appui de fenêtre figurée sur le mur.

Observez avec quel soin les contours sont délinéés, nettement marqués et parfois même comme appuyés. Ce n'est pas un trait qui les délimite, c'est un cerne qui ne ressemble à une ombre — même colorée — que par une sorte de licence poétique. Cette particularité nous révèle l'une des préoccupations de M. Maurice Denis : faire surgir les formes par l'arabesque et par la coloration beaucoup plus que par le modelé ou le jeu des ombres, à plus forte raison par le trompe-l'œil.

Remarquons d'ailleurs qu'il n'y a pas de loi qui ne doive être appliquée avec mesure. Ce nu existe. C'est une belle apparition ample, saine, libre et heureuse. Il y a aussi de la jeunesse et de la gentillesse dans la petite jeune femme nue qui marche rapidement auprès d'elle. Je note même avec plaisir que son mouvement est assez juste parce que les mouvements sont rares dans l'œuvre de M. Maurice Denis. Presque tous ses personnages sont vus au repos ou animés d'un mouvement extrêmement paisible. Encore sent-on que le peintre ne veut pas qu'on la regarde longtemps. Elle est là pour faire valoir l'opposition du nu principal, qui est chargé, lui, de l'évocation d'une époque heureuse, de la vie pastorale, de la statuaire grecque, de l'éternelle jeunesse de l'Humanité.

Et tout le reste est sacrifié ! Même l'adolescent sur son cheval qui rappelle ceux du Parthénon, même les amants sur leur rocher rose, même la mer bleue, le ciel et tout ce vaste paysage. Tout concourt à fournir un cadre à ce nu radieux de femme sortant comme Aphrodite de la Méditerranée. Tout ramène vers elle. Il n'est pas le centre matériel du tableau mais il en est le centre optique.

Cependant, tout sacrifiés qu'ils soient, cette mer, ce ciel, ce rocher et ces amants ont, eux aussi, leur importance. Ils supportent l'examen. Les lignes sont élégantes et les couleurs accusées, les modelés sont suffisants. L'harmonie générale fait sentir le plaisir de vivre.

L'art des sacrifices ! M. Maurice Denis a cité dans ses « Théories » le mot de M. Degas : « Toutes les belles choses sont faites de renoncement », et aussi l'aphorisme de M. Ingres rapporté par Delaborde : « Plus les lignes et les formes sont simples, plus il y a de beauté et de force. Toutes les fois que vous partagez les formes, vous les affaiblissez. »

Pour tous les peintres, mais plus particulièrement pour les décorateurs, il n'est pas de principe
qui soit plus important.

LES TABLEAUX DE CHEVALET

Il est rare qu'un peintre excelle dans tous les
genres.

Les modelés sommaires qui conviennent à ces
vastes espaces peints et qui suffisent pour accuser
la forme et la rendre visible, deviennent insuffisants
dans les tableaux de chevalet. Les figures de
M. Maurice Denis ont besoin d'espace. De grandes
surfaces leur sont nécessaires pour établir entre elles
des relations qui les soutiennent l'une l'autre. S'il
ne demeure du tableau d'un Primitif qu'un fragment,
visage ou vêtement, cela suffit pour qu'on puisse
le regarder avec amour. On n'imagine pas qu'il
puisse en être ainsi pour les tableaux de chevalet
de M. Maurice Denis. Les visages sont sommaires.
On peut en être satisfait quand ils contribuent à une
vaste vision d'ensemble. Ils ajoutent une note, ils
jouent un rôle dans une ample symphonie. Mais

ils deviennent insuffisants s'ils occupent le centre d'un tableau de chevalet et si le spectateur éprouve le désir de s'attacher à eux comme à la partie essentielle du tableau.

De même encore pour l'arabesque de M. Maurice Denis. Elle a besoin d'espace. Il ne faut pas qu'elle se brise. Il faut qu'elle puisse se dérouler d'un beau mouvement, sans roideur et pour ainsi dire sans limites. Dans un petit tableau, elle étouffe. Elle se brise trop tôt. Elle perd sa qualité principale: la liberté.

Pour ce qui concerne la couleur, tout ce qu'il y a d'arbitraire dans la coloration de ces vastes surfaces planes recouvertes de couleurs dans un certain ordre assemblées choque dans les tableaux de chevalet qui ont besoin d'un lien plus direct avec la réalité. On éprouve cette impression : c'est un fragment. Ces tableaux de chevalet ne paraissent être que des études ou du moins des essais destinés à être utilisés pour une œuvre plus vaste.

Il est clair en effet que les figures ou le paysage, par exemple de cet *Age d'or*, ne copient pas la réalité qui est autrement riche en détails et autrement abondante en nuances, tonalités, volumes, et complications de tons. De toute cette complication qui, dans une figure vivante, est à la fois physiologique, intellectuelle et morale, M. Maurice Denis, dans ces vastes panneaux, tire un accord unique. On approuve quand cet accord se mêle à d'autres accords pour tendre vers une vaste conclusion, mais on n'est pas satisfait si — à cause de la différence des genres — cet accord unique doit se suffire à lui-même. On comprend que le décorateur, embrassant un vaste sujet, veuille pour faire sa démonstration parler avec ordre, c'est-à-dire lier les parties entre elles, les simplifier, fût-ce à l'extrême, les subordonner les unes aux autres et conduire par ces moyens qui lui sont propres, l'esprit du spectateur jusqu'à la sensation d'ensemble qu'il se propose de lui faire adopter; mais le peintre de chevalet qui doit tout dire avec un petit nombre de figures souvent même avec une figure unique, ou avec un coin de paysage, doit nous mettre mieux au courant de son travail d'analyse et de son travail de synthèse. Il peut et doit nous offrir un raccourci de nature ou d'humanité, sans que nous perdions jamais le contact avec la réalité qui a été le point de départ.

Ainsi s'accusent les différences essentielles de la peinture décorative et de la peinture de chevalet. Toutes deux sont des transpositions de la réalité, et il n'est question ni pour l'une ni pour l'autre de transcription littérale, de copie exacte ni de réalisme étroit. L'œuvre d'art implique essentiellement une transposition et une interprétation. S'il est vrai que le décorateur est essentiellement un idéaliste et que le mur exige la figuration des objets et non leur imitation, encore faut-il reconnaître que le peintre de chevalet, lui, doit resserrer dans une certaine mesure et non distendre à l'excès le lien qui l'attache à la réalité.

Dans les peintures décoratives M. Maurice Denis a pour se jouer des ressources innombrables. Il prend où il lui plaît tout ce dont il a besoin pour établir des accords de couleur. S'il désire pour achever ou compléter son harmonie une grande surface rose, il imagine le rocher qui dans l'*Age d'or* surplombe le sable jaune et il lui donne la coloration qui lui est utile. C'est de la peinture d'imagination. L'artiste dispose d'une liberté presque illimitée. Il n'en est pas de même de la peinture de chevalet. Il arrive qu'un portraitiste, pour faire chanter la cou-

MAURICE DENIS

BAIGNEUSES

Cliché Druet

leur des yeux de son personnage, se serve d'une
pierre de couleur dons le chaton d'une bague.
Encore faut-il que ce détail réponde à une réalité.
Pour obtenir le même résultat le décorateur peut se
servir d'une surface immense et c'est par exemple
le bleu de la mer qui vivifie le jaune-rose du sable,
et le vert-jaune du ciel.

Le décorateur n'est soumis que de très loin à l'imitation de la nature. L'arbitraire est sa règle. Dans
son domaine, il a presque toute licence. S'étant pro-
posé pour but un accord de jaune et de vert vivifié
par du bleu vif et comme pénétré de toutes parts par
des roses et des gris il agit comme bon lui semble
pour obtenir ce résultat. Regardez de près dans
l'*Age d'or* les épaules de la jeune femme nue assise
et qui se montre de dos. Ce dos est nettement jaune,
d'un jaune tranché, d'un citron éclatant et avec des
accents de rose-groseille extrêmement vifs.

Voyez encore de près la grande teinte plate du
sable jaune, comme elle est arbitraire! et comme est
plus arbitraire encore ce rose du rocher qui ressemble à une voile soufflée par le vent! A bien
y regarder tout est arbitraire. Pas une couleur qui
ne soit mêlée des autres tons dont se compose l'har-

monie générale du panneau. Il y a du jaune partout, du rose à peu près partout, du bleu en quantité d'endroits où ne peut le découvrir que l'œil attentif d'un analyste.

Rien de moins exact ou, si l'on veut, de moins ressemblant à la nature. C'est mieux que de l'exactitude, c'est de la vérité décorative. C'est la transcription par des couleurs sur une surface plane d'une émotion visuelle. C'est une reconstitution intellectuelle et sentimentale de sentiments que la nature nous dispense par d'autres moyens et dans d'autres conditions.

LA RÉALITÉ SUBJECTIVE

Trop de détails — dans les grandes décorations — offrent le défaut d'attirer le regard et de rompre l'harmonie. Dans le tableau de chevalet, au contraire, s'ils sont choisis avec goût et situés où il le faut, ce sont eux qui donnent les accents et l'atmosphère de vérité. On les trouve rarement dans les petits tableaux de M. Maurice Denis. Même quand il travaille sur nature (et à plus forte rai-

son quand il travaille de mémoire), M. Maurice
Denis ne peint jamais ce qu'il voit. Il peint ce qu'il
imagine. Le motif de nature est une occasion, un
prétexte. De même qu'une intonation de voix ou
même une odeur éveillent parfois chez nous un
lointain souvenir d'enfance et nous replacent brusquement dans un état de sensibilité qui ne se relie
que de loin à la sensation précise de la minute
présente, de même M. Maurice Denis devant un
motif de nature qui l'émeut se trouve soudain dans
un état de sensibilité qui ne s'associe que d'assez
loin à la réalité objective de ce qu'il voit. Bien
avant son premier voyage en Italie, il a peint aux
environs de Saint-Germain des coins de paysage
qui donnent l'impression de la douceur italienne.
On les croirait peints à Fiesole ou dans les environs d'Assise. Ils n'en sont pas moins délicieux.
Cependant il est permis de croire que M. Maurice
Denis aurait peint à peu près les mêmes études,
toutes réserves faites de la disposition matérielle
des objets, à peu près devant n'importe quel motif.
Un paysage est un état d'âme. Devant la nature
M. Maurice Denis cherche les occasions de s'exprimer lui-même. Les jours où il se sent d'humeur

franciscaine il peindrait des paysages d'Ombrie sur un glacis de fortifications.

C'est pourquoi nous ne le considérons pas comme un paysagiste bien qu'il ait peint beaucoup de paysages ni comme un portraitiste bien qu'il ait peint quelques portraits. C'est un peintre de sentiments et il ne peint tout à fait bien que ses propres sentiments. Même devant les paysages qui semblent les plus proches de lui il ne peut pas s'astreindre à copier avec exactitude. Je songe en ce moment à de très jolies études faites sur nature en Italie et qui font partie de la collection Mithouard. Peut-être M. Maurice Denis a-t-il cru qu'il copiait exactement la réalité, C'est une illusion assez commune chez les peintres. Mais nous sentons nettement qu'il a perdu presque tout de suite, en travaillant, le contact avec la réalité objective et qu'il a peint une vérité subjective et sentimentale.

Et par quels moyens? presque exclusivement par la couleur. Peut-être même serait-il plus juste de dire par les colorations tant le charme est subtil, fluide, et, dans certaines études d'Italie, presque évanescent. Pour un artiste comme M. Maurice Denis, l'art de peindre est un moyen de s'exprimer par des couleurs, comme la musique est pour les musiciens un langage particulier dont les notes sont les mots et qui, assemblés en un certain ordre et selon certaines affinités, forment des phrases et suggèrent des idées ou des sentiments.

Encore faut-il que ce langage soit intelligible et ne s'en tienne pas à des généralités hors de la vie. On imagine aisément les défauts qu'implique cette conception de la peinture appliquée à des paysages ou à des figures : parfois le manque d'énergie, souvent le manque de précision et l'excès d'arbitraire, presque toujours une certaine inconsistance qui ne laisse guère de prise au plaisir de se sentir en contact avec une réalité stable.

Même dans les peintures décoratives de M. Maurice Denis, ces défauts sont dans une certaine mesure sensibles.

Un artiste qui aurait davantage copié sur nature aurait trouvé pour les nus, par exemple, un contour plus élégant, plus nerveux, plus vif et par conséquent plus touchant. La mesure est nécessaire en tout. Il peut y avoir un excès d'arbitraire, comme il y a parfois excès d'exactitude. Sans exiger du

trompe-l'œil ni même du réalisme, on voudrait
qu'un rocher — fût-il rose — fût un rocher et non une
sorte de nuée, on aimerait que les accents dans les
modelés, sans être plus nombreux, fussent parfois
mieux à leur place. On voudrait que les personnages,
tout transposés qu'on les souhaite, fussent tout de
même plus proches de la réalité, qu'ils apparussent
moins nettement comme une création arbitraire
d'un esprit inventif, que les terrains fussent des
terrains et que la mer fût de l'eau. L'individua-
lisation des objets, qui peut être un grave défaut
quand on lui sacrifie l'harmonie générale, peut
aussi être une qualité, quand cette harmonie est
maintenue. Si les personnages (par exemple, dans
l'Age d'or, ce berger et cette jeune fille) étaient plus
individuels — partant moins conventionnels —
ne seraient-ils pas plus émouvants? Il est bon de
peindre rond. Encore faut-il que ce soit sans
mollesse. M. Maurice Denis n'a pas toujours évité
une certaine fadeur ni une certaine confusion. Les
objets et les êtres vivants sont souvent de la même
matière, traités de la même façon. Même dans la
décoration on ne peut pas s'affranchir tout à fait de
la réalité. Nous sommes des hommes et pour qu'un

peintre stimule notre plaisir visuel nous avons besoin qu'il nous donne une sensation de vie, qu'il donne à ses personnages des nerfs et du mouvement, qu'il ne prive pas ses paysages de toute objectivité.

.*.

C'est contre ces défauts que M. Lerolle essayait de prémunir M. Maurice Denis, il y a déjà bien des années, en lui conseillant — du moins pour les tableaux de chevalet — de s'attacher plus étroitement à la nature. Pour préciser ses conseils cet amateur éclairé commanda un jour un portrait de Mme Maurice Denis avec sa petite fille et de Mme Mithouard avec son petit garçon rassemblés sur une seule toile et qui furent peints avec un évident désir de copier la réalité. Au témoignage de M. Lerolle ce qui donnait à ce quadruple portrait une importance particulière c'était la puissance et la vérité objective des modelés. Mais le tableau fut demandé pour une exposition à l'étranger. Il repassa entre les mains du peintre qui voulut, plusieurs années après l'avoir peint, lui faire

quelques retouches et M. Maurice Denis ramena
aux grandes teintes plates qui lui sont habituelles,
les empâtements et les reliefs. Le tableau perdit
une partie de son accent. Ce trait est significatif.

DOCTRINES ET THÉORIES

Cette transposition méthodique dans le domaine
sentimental de toutes ses visions de la réalité, s'accorde avec la formation d'esprit de M. Maurice Denis
et avec l'atmosphère intellectuelle des groupes où
il trouva ses amis d'élection. Il a été symboliste. Il
a fait partie d'une génération dégoûtée du naturalisme et révoltée contre la grossièreté des œuvres
dites réalistes. Il se mêla au mouvement littéraire
dont les livres les plus caractéristiques sont probablement les *Vers et prose*, de Mallarmé, *le Tel
qu'en songe*, d'Henri de Régnier, et *le Thulé des
Brumes*, d'Adolphe Retté, dans la préface duquel
se trouve ce fragment d'Edgar Poë qui explique
tout ce mouvement d'idéalisme exaspéré : « Les
réalités du monde m'affectaient comme des
visions et seulement comme des visions... »

Maurice Denis était alors, à l'académie Jullian, l'élève de Jules Lefebvre et de Bouguereau. L'enseignement de ces maîtres le rebutait. Quelques-uns de ses camarades sentaient et pensaient comme lui, éprouvaient ses mêmes dégoûts. C'étaient Emile Bernard, K.-X. Roussel, Vuillard, René Piot et aussi Paul Sérusier, alors massier de cet atelier, et qui, lié depuis longtemps avec Paul Gauguin, rapporta en 1888 de Pont-Aven une étude de paysage à l'aide de laquelle il prêcha « la bonne nouvelle ». Ces jeunes gens fondèrent le dîner des *Vates* ou prophètes. Sans former exactement un groupe — tant ils ont scrupule de se diminuer les uns les autres — ils travaillèrent en se contrôlant les uns les autres.

Maurice Denis, dans ses « Théories » a, proclamé à maintes reprises les services éminents que lui rendit son ami Sérusier — de sept ans plus âgé que lui — et à maintes reprises, dans les divers Salons ou Expositions il s'est inscrit comme son élève. On ne peut que rendre hommage à cette fidélité sans oublier toutefois que les peintres aiment à se proclamer l'élève de celui ou de ceux dont les œuvres n'ont à peu près rien de commun avec la leur.

Peintre avant tout Maurice Denis était cependant un esprit avide de culture. Doué d'une très grande faculté d'assimilation et curieux de littérature, il était le familier des poètes et des écrivains symbolistes qui se réunissaient soit au *Mercure de France*, soit à *l'Ermitage*, soit à la *Revue Blanche* soit à la *Plume*. Il devint l'ami d'André Gide et de maints autres écrivains « symbolistes » de cette période[1].

Il lut beaucoup, perfectionna sa culture littéraire, s'exerça à penser avec précision, à s'exprimer avec clarté et non sans élégance, écrivit des articles, des préfaces, des « salons », et, pour tout dire en un mot, des « Théories », qu'il a rassemblées en 1913 dans un livre infiniment curieux.

Ramenant pour son propre compte à la peinture tout ce mouvement intellectuel, il se déclara l'adepte du symbolisme, théorie « qui affirme l'expression possible des émotions et des pensées humaines par des correspondances esthétiques, par des équivalents en beauté » Peut-être les deux derniers mots restreignent-ils à l'excès la définition. Equivalents « expressifs » serait plus géné-

1. A peu près entre 1886 et 1896.

ral. Il est hors de doute que la recherche de ces équivalents a été l'essentiel de ce mouvement littéraire généralement si mal compris.

M. Maurice Denis transporta ces recherches dans le domaine de la peinture. Il se crut symboliste, et il le fut dans une certaine mesure[1].

Cependant, si l'on en juge d'après les œuvres littéraires de cette époque, cette théorie était bien obscure. Esprit clair, méthodique, avide d'ordre et de certitude, M. Maurice Denis trouva tout de suite « la mesure » qui l'écarta de toute extravagance. C'est un conciliateur. Il proclama son admiration pour les peintres révolutionnaires, se déclara leur disciple et quelques-uns pensèrent qu'il agitait le drapeau de la révolte. Pendant longtemps Maurice Denis désira ne pas se laisser dépasser et voulut être l'ami des plus audacieux. Il joua un rôle dans les querelles héroïques des « Indépendants », dans la fondation du *Salon d'Automne*[2] et pendant quelque temps il put se

1. C'est M. Vuillard qui a tiré des mêmes prémisses les conclusions les plus décisives.

2. En 1899, il prit part à l'exposition des Néo-Impressionnistes, chez Durand Ruel.

croire — avec quelques-uns de ses camarades — à la tête du mouvement « jeune ».

Mais il ne cessait de travailler, et ses œuvres démentaient en grande partie l'intransigeance combative qu'on lui attribuait.

Que ce soit dans un livre, dans une œuvre d'art ou dans une théorie chacun trouve ce qu'il y cherche, c'est-à-dire ce qui convient à son caractère et à son genre d'esprit. Les mêmes principes qui furent pour quelques-uns dissolvants furent pour d'autres réconfortants.

L'admiration de Maurice Denis pour Cézanne et pour Gauguin fut extrêmement subjective. A plusieurs reprises il a essayé de définir la personnalité de ces peintres et de justifier l'influence incontestable qu'ils ont exercée, et qu'ils exercent encore. Ces explications ont été confuses [1]. Impuissant à définir l'enseignement que ses camarades cherchaient obstinément dans l'œuvre de ces initiateurs, Maurice Denis se croyait cependant d'accord avec eux sur « les directions ». A mesure que se précisaient les tendances de chacun et qu'elles

1. Le sous-titre de Théories est : Du Symbolisme et de Gauguin vers un nouvel ordre classique.

se révélaient d'une manière concrète en des œuvres réalisées, il devint manifeste que chacun s'était fait une conception particulière de cet enseignement et que les œuvres qu'on aurait pu croire issues d'un point de départ commun n'avaient plus entre elles que des relations lointaines.

Par Van Gogh, Cézanne et Gauguin, les uns justifiaient toutes les audaces et même toutes les extravagances. On sait à quelles aberrations quelque-uns ont abouti. D'autres, au contraire, revenaient — par ce détour — au sens de la tradition. Une curiosité d'esprit poussait Maurice Denis à vouloir mettre de l'ordre dans ces complexités inextricables, à les expliquer et à situer avec gradation les unes par rapport aux autres, les diverses manifestations d'un état d'esprit qu'il sentait bien en conformité avec les aspirations encore confuses de toute une partie de la jeunesse. Cependant ses « Théories », sur ce point particulier du débat, n'apportent pas beaucoup de clarté. En tous cas c'est la disposition naturelle de cet artiste de ne s'occuper de rien dont il ne tire profit, du moins dans l'ordre intellectuel. A travers le dédale inextricable des « théories » et des admirations contradictoires, il poursuit sa culture et son œuvre avec un sens prodigieux des réalités.

C'est merveille de voir comment, dans cet esprit éminemment utilisateur, l'impressionisme de Gauguin, l'idéalisme théorique d'Émile Bernard, le naturalisme traditionnel de Louis Anquetin, le lyrisme purement pictural de Van Gogh, l'hésitation scrupuleuse de Cézanne devant la nature le sens de la belle matière et des belles formes de Renoir, les découvertes de l'impressionnisme proprement dit, et les recherches scientifiques du Néo-Impressionnisme se concilient sans difficulté avec la douceur ombrienne, le sens du divin et de la vie intérieure de Fra Angelico, avec l'admiration pour l'abondance créatrice de Véronèse et de Rubens, avec le respect de la précision linéaire des figures d'Ingres, et des harmonies heureuses dans les compositions de Raphaël.

Maurice Denis a voulu être de son temps. Par une décision énergique de son esprit, dès le début, il est allé vers les novateurs, il les a aimés, et il les a compris à sa manière. De leurs œuvres et de leur enseignement il s'est assimilé tout ce qui pouvait l'enrichir. Tel est son tempérament. En toutes choses — avec un esprit de suite instinctif —

il découvre ce qui convient à sa propre nature, ce dont il pourra se nourrir et fortifier sa personnalité.

Mais cette tendance d'esprit est celle d'un classique. Peut-être au début de sa carrière ce classique s'ignorait-il lui-même et se croyait-il, à cause de sa haine pour les académiques, purement et nettement révolutionnaire. Ce n'était qu'une illusion et qui fut bientôt dissipée. A travers l'œuvre de Gauguin, de Cézanne et de Van Gogh, Maurice Denis retournait vers M. Ingres, Raphaël, et les primitifs toscans.

C'est de toutes ces influences éparses — et qui pour tout autre eussent été inconciliables — que s'est composée sa personnalité. Ceux qui connaissent depuis longtemps M. Maurice Denis, n'ont jamais redouté qu'il tombât dans le désordre et dans les divagations. Un bon sens inaltérable l'écarte des excès. Son esprit d'ordre, un besoin de discipline et d'action méthodique l'écartent de toute extravagance. Dispersé en apparence il poursuit d'œuvre en œuvre avec une logique inflexible son propre développement.

Se connaissant lui-même merveilleusement, il

s'est placé au point de contact des suggestions du passé et des aspirations de l'avenir, et il a fait son profit de tout. Au sens propre du mot il n'a pas été un initiateur, mais il est bien rare qu'il soit donné à des initiateurs de pousser jusqu'au bout les conséquences de l'ordre nouveau qu'ils ont presque toujours insconciemment instauré.

D'autres personnalités continuent et parachèvent l'œuvre par eux ébauchée. C'est dans ce sens-là que, regardant la frise décorative du théâtre de l'avenue Montaigne, M. Maurice Desvallères avait le droit de dire :

« Je sens que c'est ici qu'aboutissent les efforts disparates de ces vingt dernières années. » Magnifique éloge et qui implique le respect de l'œuvre et du caractère de M. Maurice Denis.

LA QUALITÉ DU SENTIMENT

Qu'est-ce en effet que « la personnalité », qualité sur-éminente dont les peintres nous rebattent si constamment les oreilles ? A plusieurs reprises, dans son livre, M. Maurice Denis s'est élevé contre

MAURICE DENIS

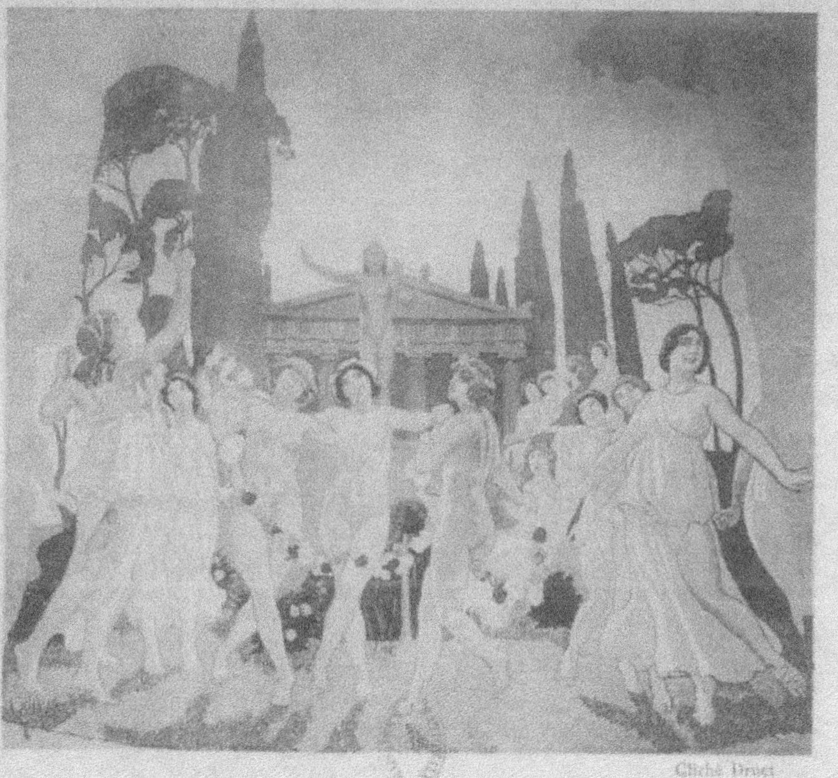

Cliché Druet

APOLLON ORDONNANT LES JEUX

l'idée fausse que s'en font la plupart des artistes.
Il a écrit : « Cependant il y a de vieilles idées
fausses qui subsistent. Le culte de la Personnalité
est toujours vivace. On croit encore beaucoup que
pour faire œuvre d'art il faut avant tout s'efforcer
d'être original. Je ne vois guère que Sérusier qui ne
confonde pas la recherche de la Beauté et l'expression de l'individuel. »

On sent à ces déclarations le traditionaliste
dégoûté de l'individualisme exaspéré, désireux de
prendre sa place dans l'Histoire de l'art, ne rougis-
sant pas de ses origines, les proclamant au besoin
pour éviter qu'on les lui rappelle, et qui pense —
non sans raison — que l'originalité se reflète dans
une œuvre d'un sentiment nouveau, abondante et
variée, bien plus que dans les particularités de la
technique ou dans l'expression d'une petite sensation individuelle, souvent bizarre, et dont ne
s'étaient pas encore avisés les émules ou les prédécesseurs.

Ce qui distingue essentiellement Maurice Denis
de ses contemporains, ce qui lui constitue son
caractère propre, ce qui donne à son œuvre un
accent incontestable d'originalité, ne doit par con-

séquent être cherché ni dans les découvertes techniques, ni dans les trouvailles particulières de sa palette, encore moins dans le choix des sujets. Cette originalité réside toute entière dans la qualité des sentiments dont l'artiste s'est fait l'interprète, dans la nuance particulière de sensibilité que ses œuvres nous révèlent, et, du point de vue proprement décoratif, dans l'utilisation nouvelle qu'il nous propose des découvertes faites par ses prédécesseurs.

La qualité du sentiment dans l'œuvre de Maurice Denis, voilà ce qui est essentiel et entièrement original. C'est pourquoi il est impossible de ne pas tenir compte du rôle capital que joue le sentiment religieux, dans la formation et dans l'affinement de cette sensibilité. M. Maurice Denis est un esprit religieux. Quelques-uns, parmi les meilleurs juges, estiment qu'il ne trouve l'emploi de ses dons les plus précieux que lorsqu'il les met au service de la Religion. Même dans ses décorations profanes les plus réussies, il semble que l'idée première ait jailli d'une émotion religieuse et que l'exécution garde une dignité, une noblesse, une pudeur et une sérénité qui s'accorderaient plus

intimement avec un sujet religieux qu'avec un sujet
profane.

Les sentiments que M. Maurice Denis jusqu'à
présent a le mieux interprétés sont aussi les plus
purs, les plus dénués de matérialisme ou de sensualité[1].

Même dans les appartements privés[2], ce sont des
visions charmantes d'anges faisant de la musique, ou
de jeune filles pures comme des anges et jouant du
violon ou jetant des fleurs. Parmi des indications de
paysages très stylisés, nues ou habillées, ses figures
les plus belles paraissent des symboles de vie spirituelle plutôt que des créatures vivantes. Presque
partout se sent un je ne sais quoi de spiritualiste,
de tendre, d'idéaliste et, par conséquent de religieux.
Plus nettement s'exprime cette émotion religieuse
devant les spectacles de la vie, plus belles et plus
touchantes sont ces peintures décoratives. Tout au
contraire, quand la destination impose à l'artiste
d'accentuer le caractère profane de ses compositions
un je ne sais quoi de désaccordé bride l'admiration.

1. Chapelle de Sainte-Croix et du Vésinet par exemple.
2. Vestibule de M. Rouché, coupole de M. Jacques Stern
etc...

Dans la suite de panneaux décoratifs exposés au Salon d'automne de 1908 et que M. Maurice Denis exécuta sur un thème emprunté à l'*Histoire de Psyché* pour la chambre à coucher de M. Morosoff à Moscou un certain nombre de morceaux presque réalistes avaient forcé les admirateurs les plus décidés de M. Maurice Denis à établir dans cette œuvre des distinctions et à préférer de beaucoup au reste de la décoration précisément ce qui correspondait le mieux au tempérament spiritualiste du peintre. On se souvient notamment du lit de style Louis-Philippe, présenté de face, et qui parut trop peu transposé dans l'harmonie générale de l'ensemble. On pourrait citer d'autres exemples.

LE THÉÂTRE DE L'AVENUE MONTAIGNE

Dernière en date de la série de ses grands ouvrages, la frise décorative de la coupole du théâtre de l'avenue Montaigne nous permet de constater en même temps les qualités éminentes de ce grand décorateur et les limites au delà desquelles il ne semble pas qu'il puisse s'élever.

Dans l'œuvre du peintre cette frise est d'autant

plus importante qu'elle est la seule de ses peintures décoratives qui soit journellement exposée aux yeux du public, à Paris. Toutes les autres décorations de M. Maurice Denis font partie d'installations privées. Il est probable, par conséquent, que c'est d'après cette œuvre que le public se fera sur l'artiste une opinion à peu près définitive. Est-il avantageux pour l'artiste qu'il en soit ainsi? C'est ce que nous allons examiner.

Cette décoration circulaire est la plus brillante que M. Maurice Denis ait exécutée. Ce n'est pas la plus touchante.

La destination éminemment profane de l'édifice, le caractère de cette architecture, moderne et pratique, dont le fer et le ciment sont les matériaux essentiels, l'ampleur de l'espace à décorer qui est de beaucoup le plus vaste que l'artiste ait eu à dominer, la nécessité de travailler en tenant compte d'un éclairage artificiel et provenant de milliers de lampes électriques, tout contribuait à transporter l'artiste dans une atmosphère entièrement différente de l'atmosphère intime, familiale et relativement secrète des chapelles, hôtels privés ou appartements particuliers.

Pour ce théâtre la destination et aussi la mentalité moyenne du public dont le peintre devait tenir compte exigeaient qu'il se plaçât d'un point de vue entièrement nouveau pour lui. Il va de soi que, dans toute décoration, l'artiste doit se préoccuper de l'optique particulière au théâtre, et de la façon dont les spectateurs regardent de loin et d'ensemble. En aucune circonstance M. Maurice Denis — décorateur-né — n'a fait abstraction de ce point de vue. Il a toujours voulu que son œuvre s'identifiât avec la muraille elle-même et que les yeux du spectateur pussent embrasser du même coup d'œil la composition décorative et l'ensemble architectural. Qualité précieuse entre toutes ! Jamais cependant M. Maurice Denis n'avait eu à se subordonner aussi étroitement à cette optique théâtrale. La nécessité où il se trouva de concevoir son œuvre comme un décor dramatique placé dans un ensemble scénique l'entraîna à concevoir sa décoration d'une manière entièrement nouvelle pour lui.

Dans ses œuvres précédentes M. Maurice Denis s'était préoccupé de l'expression par la couleur beaucoup plus que par le sujet. A cet égard il s'était placé volontairement aux antipodes de la presque unanimité des « Artistes Français ». Il avait d'autres moyens d'expression et qu'il estimait à juste titre infiniment plus artistes : la couleur et la forme. Faites un effort pour vous souvenir du « sujet » des peintures de la voûte des deux chapelles du Vésinet, du vestibule de M. Rouché, du *Soir florentin* de M. Stern, et même de l'*Éternel printemps* ou de l'*Age d'or*, peut-être n'y parviendrez-vous pas. On sent nettement que ces décorations ont été conçues par la couleur et que le sujet n'a été qu'un prétexte pour délimiter la coloration.

Tout au contraire, pour cette frise de théâtre, on sent que M. Maurice Denis a voulu être savant, il a lu des livres, feuilleté des manuels d'histoire musicale, et il s'est cru obligé de faire des efforts pour fixer l'esprit du public sur des sujets agréables et brillants. La différence entre les points de départ explique la différence de caractère entre les œuvres réalisées.

On ne peut nier que, par cette frise décorative, M. Maurice Denis n'ait fait une concession importante au goût présumé du public. Il a voulu trouver des sujets et il les a cherchés, la plume à la main, penché sur sa table de travail, beaucoup plus qu'il ne les a fait surgir du mur, les yeux fixés sur l'espace à décorer par un élan du cœur et de l'imagination.

La méthode de travail ayant été différente, les résultats sont tout autres. Nous n'avons plus sous les yeux un motif unique et d'un intérêt si général qu'il n'éveille en nous que des émotions d'ordre universel.

Chacune des quatre grandes compositions se subdivise en un grand nombre de personnages ayant une signification individuelle. Si l'on veut se donner quelque peine, on reconnaît dans cette *Histoire de la Musique* Apollon et Bacchus, Pan et les Bacchantes, Beethoven et les neuf symphonies, Bach, Wagner et ses drames lyriques, représentés pour ainsi dire un à un, Schumann et le Freyschütz, Vincent d'Indy, César Franck, Claude Debussy, le vérisme italien, la Salomé de Strauss, l'opéra de Lulli, le Don Juan de Mozart, l'Orphée de Gluck etc...

Quelle abondance de sujets ! — Il eût été plus difficile d'en trouver un et qui les résumât tous[1].

1. De longues inscriptions qui courent au-dessous de la coupole indiquent quel est ou quel aurait pu être le sujet.
1. Les rythmes dionysiaques s'unissant à la parole d'Orphée

M. Maurice Denis a procédé par énumération. L'inconvénient de cette méthode, c'est de ne connaître pas de limites. Combien d'autres musiciens auraient pu être ajoutés à cette liste déjà longue! Un autre inconvénient grave c'est de ne faire surgir qu'imparfaitement de ces éléments individuels la conclusion générale. Dans le panneau du *Drame Lyrique* cette abondance touffue aboutit à donner l'impression d'une apothéose de cinquième acte où reviennent en costume se ranger autour du groupe central tous les personnages qui ont joué un rôle dans la pièce. Cela n'est pas irréprochable.

C'est pourquoi — du point de vue synthétique — quelques-uns préféreront à ces quatre grandes compositions si touffues et si pleines d'intentions les quatre médaillons ovales qui réprésentent ici quelques exécutants avec des instruments à cordes, là une charmante figure féminine qui

Apollon ordonne les jeux des Grâces et des Muses. ɪɪ Du cœur de l'Homme, de toutes les voix de la nature jaillit la divine symphonie. ɪɪɪ Sur les cîmes, dans l'angoisse et le rêve, drame lyrique ou poëme, la musique s'efforce vers un pur idéal. ɪᴠ L'architecture de l'opéra classique ennoblit les passions et les destins tragiques.

touche de l'orgue tandis que d'autres écoutent, de
l'autre côté quelques enfants de chœur autour
d'un lutrin et chantant à pleine voix avec dévotion
quelque plain-chant grégorien ; enfin, à côté d'un
piano une violoniste et d'autres exécutants.

Ces quatre médaillons offrent l'avantage de
n'avoir besoin d'aucune explication. Ils représentent avec clarté la musique d'orchestre, la
musique d'orgue, la sonate et le chœur. Il n'y a
qu'un sujet par médaillon. Il est parfaitement clair.
Les personnages forment en chacune de ces compositions un ensemble indissoluble et — du point
de vue décoratif — ces médaillons en camaïeu ont
le mérite d'enrichir l'ensemble sans lutter avec les
sujets principaux.

Dans les quatre grandes compositions, au contraire, les personnages semblent avoir été choisis et
juxtaposés par un effort d'érudition, en cherchant
dans les souvenirs sinon dans les livres, et par un
travail de l'intelligence plutôt que par un élan de
sensibilité visuelle. Ce n'est pas une vision purement picturale.

Ces petites réserves faites sur l'abondance des
sujets, le caractère individuel des personnages

juxtaposés et le manque d'universalité du point de vue général et par conséquent de la signification, on ne peut avoir trop d'éloges pour l'habileté de la mise en scène, l'ingéniosité subtile des arrangements, et l'adaptation parfaite d'une conception qui n'est pas irréprochable à un espace déterminé.

C'est dans le groupement des personnages, dans la façon dont ils sont reliés entre eux, dans leur enchaînement, dans leur rythme, que se révèlent les ressources inépuisables d'un esprit infiniment ingénieux et qui n'est jamais mesquin. Il se peut que ces idées aient été trouvées sur le papier mais on cherche vainement quel peintre les aurait adaptées plus étroitement à l'espace mural qu'il s'agissait de décorer. M. Maurice Denis s'est imprégné du caractère de l'architecture — très simple, très sobre — et il a fait se dérouler sur la courbe de cette frise sa théorie de personnages avec un art subtil, une compréhension de l'effet décoratif, une simplicité relative et un ordre admirable. Les grandes lignes architecturales — et notamment les quatre grands piliers qui soutiennent la coupole — semblent exercer sur la composition elle-même et sur ses subdivisions par une sorte de prolongement immatériel une influence régulatrice. Étant admise la conception générale du sujet et le grand nombre des personnages, on ne pouvait imaginer ordre plus clair ni plus harmonieux.

Peut-être un peu plus de mouvement — si l'on songe à Delacroix — aurait-il valu à cette composition plus de lyrisme et de variété, mais la noblesse des attitudes et l'harmonie générale donnent à l'ensemble un style noble, quelque chose de grave et de majestueux.

La couleur est distribuée avec ampleur et magnificence, dans une subordination parfaite au caractère de l'édifice. Grâce à elle, ce plafond est léger et consistant. Il n'a rien d'écrasant et il est somptueux. Cette vaste frise décorative court autour du plafond lumineux, elle s'intègre dans l'édifice, ne résiste pas aux souples mouvements de cette voûte, semble comprendre la structure interne de l'édifice et s'équilibre d'elle-même aux calculs techniques d'un architecte qui s'est soucié avant tout de construction logique. Il semble que cette frise soit en accord intime avec le plan visible et avec le mouvement secret qui anime tout l'édifice. Loin d'écraser ou d'alourdir cette peinture donne de l'air, de la gaîté, augmente l'impression d'ordre et d'espace libre.

C'est à cette union intime de l'édifice et du décor qu'on sent le décorateur-né. Les ciels dans ces quatre vastes compositions, jouent un rôle essentiel. Ce sont eux qui établissent de l'une à l'autre des rapports sensibles. De l'une à l'autre les harmonies de couleurs se répondent et s'équilibrent avec bonheur. C'est d'un arrangement précieux, très volontaire et très artiste.

Si j'avais à établir entre les quatre grandes compositions, un ordre hiérarchique je placerais au premier rang celle qui se trouve au-dessus de la scène, à cause de sa simplicité plus grande, parce que les personnages sont moins indépendants de l'ensemble et parce que la signification est plus générale que dans les trois autres compositions. Trois jeunes femmes nues se tenant par les bras — presque dans l'attitude des trois Grâces que Raphaël étudia dans la Bibliothèque de Sienne — rythment, par les mouvements de leurs jambes la beauté de leurs jeunes corps et se détachent sur un temple grec devant lequel un jeune Apollon de bronze fait le geste musicien d'un ordonnateur de rythmes. Quelques jeunes femmes demi-vêtues d'un peplos à plis rigides — sans doute les Muses — complètent le cercle de l'Harmonie. Leurs pieds nus posent à peine sur le sol vert. Elles dansent. Elles sourient. Elles sont heureuses. A notre droite un groupe se compose d'Orphée en robe rouge, jouant de la lyre parmi de belles écouteuses. A leurs pieds se trouvent la panthère traditionnelle et le lion amoureux; auprès d'eux une femme nue accroupie doit avoir une signification symbolique. A notre gauche le groupe qui fait équilibre se compose de sept ou huit Bacchantes et Bacchants nus ou presque nus brandissant les cymbales ou le thyrse. Cette danse bachique a du rythme sinon de l'emportement lyrique. Un tronc rougeâtre de pin, quelques retombées de branches, çà et là des cyprès qui ennoblissent le paysage ou des pins parasols contribuent à la richesse sans lutter avec le sujet principal. De droite et de gauche les fonds découvrent les rivages roussâtres de la Grèce, un peu de Méditerranée, beaucoup de ciel, et dans un fond teinté de rose, l'indication d'un petit temple solitaire.

Comme couleur, c'est essentiellement une har-

monie claire de nus et de vêtements blancs-
bleuâtres sur un ciel d'azur pénétré de vert et de
jaune, qu'avivent le vert de la prairie et quelques
taches rouges de vêtement. Les fonds roussâtres,
et ce peu de mer verdâtre donnent à toutes choses
de la stabilité.

Du point de vue décoratif le but est entièrement
atteint. Il y a de l'harmonie, de la force et de la
clarté. Ces formes ont de la douceur et une
certaine puissance. Du point de vue technique on
apprécie une fois de plus les bons résultats que
peut donner le système décoratif de M. Maurice
Denis, c'est-à-dire l'emploi des grandes teintes
plates d'une gamme restreinte, par touches de
couleur se pénétrant les unes les autres, le modelé
par la coloration et non par les ombres que l'artiste
ose supprimer, et la licence poétique du cerne
coloré, qui accentue autour des personnages ou
des objets l'arabesque flexueuse.

La grande composition *La Symphonie* est
peut-être la plus personnelle par son arrangement,
mais elle n'est pas dépourvue de quelque emphase
dramatique. Divisée par un chêne druidique en
deux vastes groupes de personnages, elle a le défaut

d'être surchargée d'intentions. Beethoven fait un geste théâtral. Il est nu parmi ses neuf symphonies également nues et peut-être y a-t-il quelque abus des lignes parallèles dans ces figures debout et ces troncs lisses d'arbres sacrés. Ajoutons que « Bach », sur son chariot rouge, manque de grandeur significative, et que la figure drapée qui se tord les bras vers le ciel est un peu trop théâtrale. Cependant l'effet d'ensemble est saisissant. Ici encore c'est une harmonie claire de nus et de vêtements blancs-bleuâtres avivés par des rouges de vêtements et soutenus par le vert du sol et le vert des feuillages.

Le troisième panneau : *le Drame lyrique*, est de tous le plus surchargé. Il ne manque cependant ni d'ordre, ni de grandeur, et c'est même une merveille que tant de personnages et d'intentions aboutissent tout de même à de l'ordre et à du style. A ce trait on sent que l'ordre est la qualité essentielle de M. Maurice Denis. Rien ne l'en écarte. La mise en toile est d'une prodigieuse ingéniosité. Quelques morceaux sont amples et puissants, et notamment le nu de la jeune femme assise qui se présente de dos.

L'harmonie des couleurs est riche et stable,

MAURICE DENIS

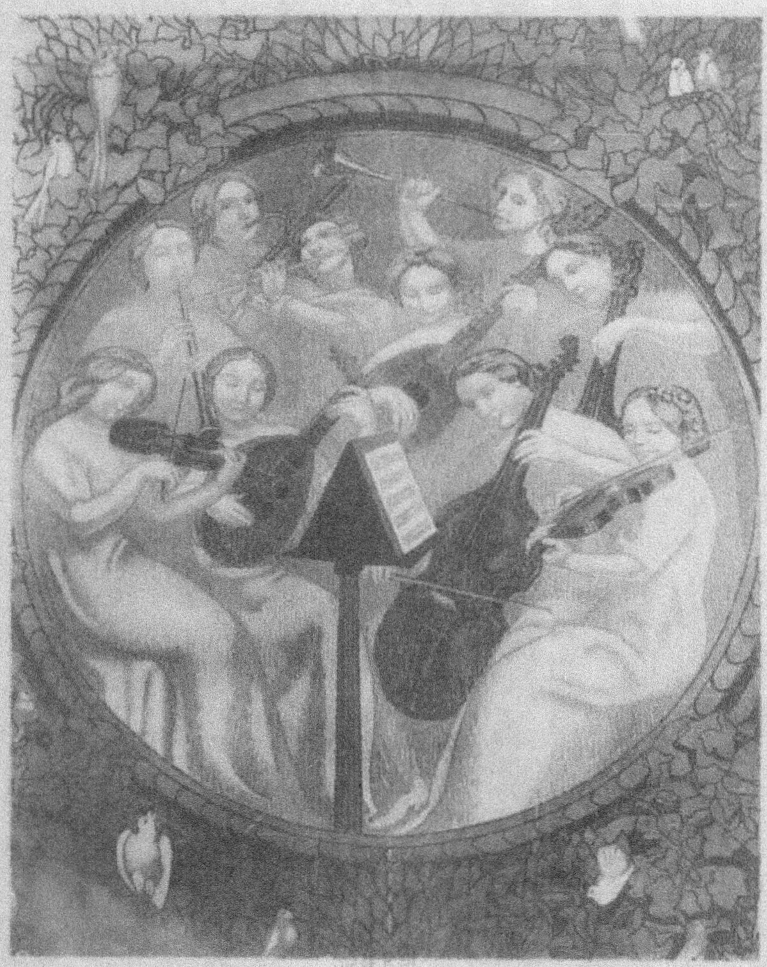

L'ORCHESTRE

plus montée de ton que les précédentes. La
tonalité générale est plus rosée, partant plus nettement avivée des rouges qu'exalte la robe pourpre
de Parsifal élevant au-dessus de sa tête le Grâal et
que soutiennent chaleureusement mais en mineur
les fonds de collines roussâtres et le sol rougeâtre.
Un ciel presque gris réunit et rassemble toutes les
parties, sans nuire à aucune d'elles. Les verts, com-
plémentaires de ces rouges diffus apparaissent partout, plus particulièrement dans les verdures qui
soutiennent les blancs vaporeux des danseuses.
C'est d'une habileté extrême.

Enfin l'Opéra — de Monteverde et de Lulli à Don
Juan et aux successeurs de Mozart — nous montre
dans une colonnade rose qui fait penser à Versailles,
une harmonie parallèle aux autres, se combinant
avec elles et complètant un bel ensemble.

Peut-être — sauf M. Besnard en ses périodes de
travail fougueux — n'y a-t-il pas, en France, un
autre artiste qui eût été capable de couvrir si aisément une aussi vaste surface. Nul n'aurait pu établir
entre son œuvre propre et celle de l'architecte des
liens plus étroits. On peut cependant imaginer que,
fidèle à sa propre doctrine et à tout son de passé,

Maurice Denis puisse retrouver dans ses œuvres
futures un dessin plus expressif[1], et une façon plus
synthétique de traiter un vaste sujet. Il n'en est pas
moins vrai que cette frise est une magnifique réalisation, et qu'on ne voit point actuellement — sauf
dans l'œuvre de M. Besnard — d'autres peintures
décoratives qui puissent, dans le même genre, lui
être comparées.

Si nous ne plaçons pas au premier rang, dans
l'œuvre de M. Maurice Denis cette frise décorative,
c'est parce que nous estimons que ses qualités
essentielles, avec le sens décoratif qui ne fait défaut
à aucune de ses œuvres[2] sont, la fraîcheur du
sentiment, la sobriété des moyens d'expression,
enfin le don de s'exprimer par la couleur et par

1. Une exposition des dessins préparatoires, organisée
dans la galerie du même théâtre pendant le mois d'inau-
guration, nous a permis de constater à quel point ils
différaient des dessins précédents par leur précision plus
grande mais aussi par une puissance de suggestion plus
restreinte.

2. Je ne fais que signaler les figures et paysages dont il a
décoré certaines poteries, notamment des amphores de
Methey. Ces décors, aussi peu directs que possible sont d'une
puissance de suggestion très touchante.

la suggestion des formes mieux encore que par
le sujet et par la précision des contours.

LES ILLUSTRATIONS DES FIORETTI

Osons comparer les petites choses aux grandes
et ne craignons pas de mettre en parallèle cette
frise décorative et les soixante et onze images
peintes à la gouache pour illustrer une traduction
des *Fioretti* de saint François d'Assise. Le délicieux
chef-d'œuvre! Œuvre incomparable et inimitable!
voilà où la personnalité de M. Maurice Denis
se révèle unique et inimitable! Il était le seul
artiste vivant qui pût la concevoir, l'entreprendre
et la mener jusqu'au bout sans fatigue ni défaillance.

Les opinions de M. Maurice Denis concernant la
figuration des objets par opposition à leur imitation littérale trouvent ici une démonstration déci-
sive. Jamais dessins ne furent plus libérés de l'imitation servile de la nature, jamais non plus ils ne
furent plus expressifs ni plus touchants. Ceux qui

àiment la documentation de M. Burnand[1] doivent se trouver ici au dépourvu. Par contre, ceux qui aiment avant tout l'expression harmonieuse et artiste d'une sensibilité infiniment délicate, doucement et profondément émue par la tendre majesté d'un texte particulièrement grave et suave, s'enivreront silencieusement de ces dessins délicieux.

Ce livre à lui seul légitimerait une minutieuse étude. Quelle démonstration significative on en pourrait tirer de ce qui constitue le dessin expressif et de la nécessité où se trouve chaque artiste d'inventer son propre dessin au lieu d'emprunter aux cours de l'École des Beaux-Arts un enseignement canonique et international sans caractère, sans pouvoir expressif, sans vérité profonde, ni pouvoir de suggestion.

Chacune de ces compositions semble tout imprégnée de l'atmosphère franciscaine. Quoique répétée à maintes reprises, la figure du Saint et de ses compagnons, celle de sainte Claire et de ses

1. Au salon de 1914, les illustrations de M. Burnand, peintre suisse, pour ces mêmes *Fioretti*, étaient exposées non loin de celles de M. Maurice Denis. La confrontation était saisissante. Elle faisait sentir l'antimonie foncière qui existe entre un caractère protestant et un tempérament catholique.

compagnes, sont toujours émouvantes et d'un lyrisme intense. Les apparitions célestes et les objets eux-mêmes : arbres, maisons, collines et ruisseaux, tout est vivant, mais d'une vie entièrement spirituelle. C'est l'atmosphère du miracle. Ces gouaches ont été faites « en présence de Dieu ». C'est ainsi, je le suppose, que travaillait l'Angélico. Si l'on me disait que Maurice Denis avant chaque séance de travail s'est imposé une prière, je le croirais avec plaisir. On sent qu'il s'est imprégné non seulement de la lettre mais de l'esprit du texte. Et l'on sent aussi que ce texte répondait si étroitement à ses désirs, à ses aspirations, à ses tendances d'esprit et d'imagination qu'il n'a eu aucun effort à faire pour se conformer à leur esprit. C'est un enchantement. Selon les moyens de son art Maurice Denis a composé une œuvre parallèle à celle qui lui servait de modèle. Entièrement dénuée de toute exactitude littérale, d'une liberté heureuse et d'un tour d'imagination qui demeure propre à l'auteur, cette œuvre est en parfaite communauté de sentiment avec celle de Saint-François.

Regardez le Saint parlant aux oiseaux dans un paysage d'hiver que précisent à peine des indications d'arbres nus et de terrains onduleux. Le ciel est figuré par quelques traits parallèles. Les oiseaux sont à peine dessinés et cependant ils existent, ils écoutent, ils sont infiniment touchants. Regardez encore saint François les pieds dans la neige, le visage rayonnant d'une joie intérieure et qui explique à son compagnon que la joie parfaite consiste à accepter avec une résignation absolue les injures, le froid, les humiliations et la faim ! Derrière eux, sur un ciel sombre, sont indiquées les constructions d'un couvent inhospitalier, sur le seuil duquel un mauvais moine, le bâton à la main, repousse la prière de ceux qui demandent l'hospitalité. Quelques traits suffisent à ces indications, juste de quoi parler à l'âme par l'intermédiaire des yeux. Et ces traits sont à tel point ceux qui étaient nécessaires — et rien que ceux-là — que l'image tout entière est d'un style comparable aux miniatures si émouvantes des Primitifs. Le vague sourire qui rayonne sur le visage de saint François, la gravité attentive et un peu déçue des compagnons qui n'en sont pas encore à ce degré d'abnégation morale sont — par contraste — deux merveilles de sentiment et de style.

Regardez encore comment, étant malade, sainte

Claire fut miraculeusement portée, la nuit de Noël, à l'église de Saint-François. On ne peut rien imaginer de plus simple ni de plus parfait. Quatre anges immatériels en longue robe flottante passent à travers les airs portant le corps de la sainte. Au-dessous d'eux une petite ville, recueillie comme un sanctuaire, repose sous la protection de sa muraille circulaire. La plaine nocturne ondule sous un ciel encore transparent. La « couleur » de cette scène, l'opposition émouvante entre les clairs et les ombres, la gravité religieuse, attendrie, de toute cette plaine composent l'atmosphère du miracle. Même dans les miniatures du xv⁵ ou du xvi⁵ siècle, on ne trouverait pas de petite ville plus touchante ni d'un accent plus juste rassemblée en raccourci plus saisissant par un peintre qui pense par des couleurs !

Regardons encore « comment saint Bentevoglio porte un lépreux quinze milles en peu de temps. » Le lépreux pèse de tout son poids sur le dos du franciscain, la chemise blanche épouse la courbe de toute sa robe noire. Le saint marche, le visage grave, ne sentant pas la fatigue. On devine l'illumination intérieure, la flamme divine de l'amour. Derrière eux un petit village se groupe en forme de pyramide. Il est indiqué en quelques traits qui ne laissent le spectateur s'attacher a aucun détail On a l'impression de la solitude, de l'espace et du crépuscule.

Regardons enfin l'une des plus parfaites de cette série miraculeuse. Sous le toit d'un réfectoire de couvent, sainte Claire, par commandement du pape, bénit le pain qui était sur la table. Devant elle trois pauvres s'inclinent avec une piété communicative. A côté d'elle une compagne en robe noire est à genoux, et tout autour de la table des religieuses sont debout écoutant et recueillant la bénédiction de la sainte. C'est un tableau. Et quel tableau! on ne peut imaginer composition plus expressive, plus complète, ni plus parfaite. Chaque chose est à sa place. Tout est juste, véridique. Rien n'est inutile. Nous sommes transportés dans le domaine du surnaturel[1].

En tournant les pages de ces *Fioretti* — qui est le plus beau livre illustré qui ait été fait depuis trois cents ans — on se sent tout proche du cœur de M. Maurice Denis. On sent en lui un croyant,

1. Les encadrements des pages sont moins parfaits que ne le sont les sujets.

un mystique et un grand artiste. On saisit entièrement les dons précieux qui composent son originalité : la fraîcheur et l'intensité du sentiment, la
sobriété des moyens, le sens de l'adaptation à
l'espace qu'il faut décorer, le don de s'exprimer
par un dessin émotionnel, éminement suggestif et
par des accords de couleurs qui impliquent le
sens du mystère et de la vie intérieure. Cette symbolique est d'une clarté, d'une grâce et d'une séduction extrêmes.

Même les défauts de l'artiste concourent à sa perfection ! Ce qu'il y a dans son dessin d'imprécis,
d'un peu hésitant et, si l'on veut, d'un peu gauche
accentuent notre impression de naïveté, de candeur, de sincérité parfaite et d'émotion religieuse.
Si les personnages étaient plus consistants, si les
formes étaient plus accusées, ils seraient aussi
plus charnels. Or, ce sont des reflets d'âmes qu'il
faut que nous voyions en eux. Peut-on appeler
défauts des moyens d'expression si touchants et per-
suasifs ? Souvenons-nous de la parole de Gauguin
citée par Maurice Denis à propos du peintre
Séguin : « Ses défauts ne sont pas encore assez
nettement affirmés pour lui mériter le nom de

maître ! » Dans cette suite d'illustrations, jamais défauts ne furent plus heureux ! Ils concourent à la perfection [1].

Rappelons nous aussi une maxime de M. Ingres rapportée par Delaborde : « Il est sans exemple qu'un grand dessinateur n'ait pas eu le coloris qui convient exactement aux caractères de son dessin. »

La maxime se vérifie pour M. Maurice Denis. Mais il est curieux qu'on puisse retourner la proposition et qu'elle soit encore plus vraie pour l'œuvre de Maurice Denis :

« Il est sans exemple qu'un grand coloriste n'ait

1. Les *Fioretti* avaient été précédées par des œuvres que nous considérons aujourd'hui comme des « préparations » mais qui eussent suffi à mériter à cet artiste la qualité d'illustrateur merveilleusement doué. Il y avait déjà des qualités charmantes dans les illustrations de *Sagesse*, faites à dix-neuf ou vingt ans, au crayon Conté et reproduites par l'éditeur sur la pierre lithographique. Le dessin était un peu hésitant, les idées parfois sommaires, mais, à certaines pages, le futur auteur de la *Vita Nova* ou des *Fioretti*, se révélait déjà par maintes délicatesses. Dans le jeu des lumières et des ombres on sentait le coloriste-né, les noirs étaient souvent profonds et comme pénétrés de lumière, les idées étaient souvent ingénieuses et presque toujours touchantes. Les lithographies pour *le Voyage d'Urien*, la suite de douze lithographies et les 216 illustrations gravées sur bois pour

pas eu le dessin qui convient exactement aux caractères de sa couleur. »

Reconnaissons que c'est dans les *Fioretti*, dans les deux chapelles du Vésinet, dans le vestibule de M. Rouché, et même dans l'*Age d'or* ou dans l'*Éternel printemps* que le dessin de M. Maurice Denis est le plus original, le plus inventé, le plus expressif et le mieux adapté au caractère de sa sensibilité, de sa conception décorative et de sa couleur.

LA DISCIPLINE INTELLECTUELLE

Il est permis de se demander par quelle plasticité merveilleuse le même artiste peut travailler en même temps à des enluminures si touchantes et à des décoration absolument profanes. Le contraste paraît moins vif si l'on observe que même

une Imitation de Jésus-Christ, pour l'éditeur Vollard, marquèrent à tous égards, du point de vue imagination et du point de vue exécution, des progrès éclatants. Les illustrations pour la *Vita Nova* traduite du Dante, par M. Henry Cochin et gravées sur bois et en couleurs par J. Beltrand, furent presque un chef-d'œuvre. On ne peut cependant encore les comparer aux Fioretti que rien sans doute ne dépassera.

dité, par instinct et par inclination sentimentale, dans la représentation du nu, M. Maurice Denis garde toujours une discrétion, une réserve et, pour tout dire en un mot, une pudeur qui sont le témoignage visible de sa délicatesse sentimentale et de sa sincérité. Cependant les sources d'inspiration témoignent d'un éclectisme singulier. Si l'on veut apparenter les gouaches des *Fioretti* à une tradition, on remonte tout de suite à l'Angelico ou à Giotto. Si l'on cherche de quels maîtres peut se réclamer la frise du théâtre, on pense à Ingres, à Poussin et même à Raphaël.

Par quel prodige des tendances qui paraissent si contradictoires, peuvent elles se concilier dans l'esprit de M. Maurice Denis?

Osons poser le problème dans toute sa précision. Beaucoup se demandent : Comment ce peintre de nu peut-il être en même temps un peintre religieux? Comment cet éclectique, cet indépendant peut-il être en même temps un catholique romain?

Ce petit problème psychologique ne me paraît pas inexplicable.

Dans l'ordre spirituel je crois sentir que M. Maurice Denis est avant tout un conciliateur et dans

l'ordre matériel un réalisateur. Catholique par héré-
il l'est devenu aussi par adhésion réfléchie de la
volonté.

Le goût de l'ordre, le besoin de discipline, le
désir de réalisation immédiate s'accordent fort bien
avec une renonciation volontaire à la discussion
et au libre examen. Un homme d'action ne peut
pas disperser dans toutes les directions son énergie créatrice et son effort intellectuel. Maurice
Denis voulait consacrer à la peinture toutes ses
forces. C'est dans ce domaine qu'il voulait marquer
sa place, innover et inventer. Il sentit par conséquent qu'il devait préciser sur cet objet unique —
déjà presque illimité — les trois grandes facultés
dont chaque homme doit tirer le meilleur parti
possible : la volonté, l'intelligence et la sensibilité.
Rien de plus favorable à la coordination des efforts
et à l'unité d'action qu'une adhésion systématique
à un corps de doctrine philosophique ou religieux.
Réinventer une métaphysique ou une philosophie
exigerait beaucoup de temps, de réflexion, d'oscil-
lations intellectuelles et même une spécialisation.
Celui qui place ailleurs son idéal et qui veut laisser
derrière lui une œuvre abondante et forte n'a pas

le temps de tout recommencer. Quoi de plus simple et de plus pratique que d'accepter les idées héréditaires du groupe ethnique dont on fait partie? Brunetière croyait pouvoir constater que tout se passe comme si l'enseignement catholique était d'accord avec la raison. Tenir pour démontrées toutes ces vérités « révélées », se servir de ces disciplines toutes faites pour se rassembler soi-même et, de ce point de départ qu'on tient pour inébranlable, s'élancer au delà des vérités premières dans le champ illimité des conceptions visuelles et des réalisations plastiques voilà une façon de raisonner très favorable au travail. On comprend fort bien que d'autres tempéraments d'artistes n'aient pas pu s'y plier. Chacun résout pour son propre compte la question sociale et la question religieuse. M. Maurice Denis a choisi la solution qui convenait le mieux à son tempérament.

Par cette adhésion trouvaient à se contenter son spiritualisme instinctif, son dégoût du naturalisme, sa dévotion pour les primitifs, son amour des cérémonies et des pompes religieuses, son idéalisme et, si l'on veut, sa petite nuance de mysticisme infiniment raisonnable, élan de l'imagination plutôt que du cœur, son goût de la vie familiale et de la solitude laborieuse, enfin le plaisir de se sentir en accord avec une lignée d'humbles ancêtres et avec une descendance dont il se plaît à espérer qu'elle continuera la même tradition dans une parfaite union sentimentale. Les qualités foncières du tempérament de M. Maurice Denis étant le goût de l'ordre, le sens de la mesure, le besoin de discipline, le désir d'action méthodique et de réalisation immédiate, rien en lui ne s'opposait à l'adoption de postulats préconçus.

Les questions de principe ainsi résolues une fois pour toutes l'intelligence peut s'appliquer à des objets saisissables, la volonté peut se rassembler et se préciser sur des buts tangibles, la sensibilité — contenue et disciplinée par des règles depuis longtemps éprouvées — peut encore trouver une ample carrière.

Quels sacrifices cette adhésion comportait-elle ? Je n'en vois aucun qui vaille la peine d'être regretté. Dans l'esprit de Maurice Denis les sentiments religieux se concilient fort bien avec l'admiration pour la civilisation antique, l'amour des belles formes nues et avec la sympathie la plus déterminée pour les tentatives d'art les plus audacieuses. Selon les circonstances et selon les heures il représente la beauté nue des grâces, des muses et des bacchantes, les anges aux paupières baissées qui répandent des fleurs devant la Vierge Marie pudiquement drapée dans son voile, des baigneuses nues sur une plage de sable d'or, et saint François parlant aux oiseaux.

CONCLUSION

M. Maurice Denis a écrit[1] « Ni la qualité de l'émotion, ni ce répertoire sublime de formes et de couleurs qu'est la Nature ne suffisent lorsque l'artiste n'a pas l'intelligence des moyens, des limites, des conditions et de l'objet durable de son effort. Je veux qu'il ait encore une volonté, une méthode et des idées générales. »

Comme il est naturel, en écrivant ces lignes, sans doute faisait-il inconsciemment un retour sur lui-même.

Pas de peintre dont la volonté, la discipline et la

1. Théories, page 85.

méthode soient plus éclatantes. Il n'a pas été un imitateur et il a fait son profit de tout.

Des Primitifs ou de Raphaël, des leçons d'Ingres et de ses disciples, des Impressionnistes proprement dits, de Cézanne, de Gauguin et de Van Gogh il a recueilli avec mesure juste ce qui convenait à son tempérament et à ses moyens d'action.

On l'a considéré comme un révolutionnaire mais c'est un classique. C'est un traditionnaliste. Il reprend la tradition dans l'état où les maîtres la lui ont laissée et il a l'ambition légitime de la continuer. Il sait à quelles œuvres se rattacher, à quelles sources d'inspiration se renouveler, à quelles nécessités se plier. Il court d'œuvre en œuvre et se contente en travaillant. Organisateur-né, il est l'âme du mouvement qui peut-être renouvellera l'art décoratif des églises.

Son dessin ne peut pas être comparé à celui des grands maîtres mais il l'a inventé et c'est tout de même un très beau dessin. Il n'y a dans ses œuvres murales ni la majesté des formes des grands Vénitiens, ni surtout leur sens du mouvement dramatique et leur lyrisme, mais ce sont tout de même de belles formes et d'un beau style. Sa couleur n'est pas aussi riche que celle d'un Delacroix, ou d'un Renoir, mais elle est personnelle et merveilleusement propre aux effets muraux qu'il lui demande. Quant à sa technique, il l'a si merveilleusement réinventée qu'on peut la déclarer parfaitement originale. Reprenant à peu de chose près un passage de ses théories[1] on peut dire : Son œuvre montre les admirables résultats de l'emploi raisonné des teintes plates, claires, bien dans le mur, des valeurs équivalentes, presque sans modelé, avec des silhouettes très lisibles et fortement dessinées sans artifices de clair-obscur.

On sent très bien quelles sont les limites de ce magnifique talent. M. Maurice Denis a du sentiment plutôt que du lyrisme, de la tendresse visuelle et sentimentale, de la suavité plutôt que du pathétique, plus de volonté que d'instinct, plus d'intelligence que de fougue et plus de noblesse que de sublime. Travaillant de mémoire et d'imagination il détend quelquefois au delà de la mesure le lien qui doit rattacher à la nature objective toute œuvre d'art si transposée qu'on la veuille. Il peint rond et clair. Sa palette est assez restreinte. Elle se com-

1. A propos des élèves d'Ingres.

pose principalement de blancs-bleuâtres et de blancs-roses, de violets, de mauves, de lilas et de saumon. Tout est en lumière, jamais d'ombre et jamais de clair-obscur. C'est peut-être à sa palette plus encore qu'à sa tournure d'esprit qu'il faut attribuer le manque de mystère de ses œuvres murales et qu'elles disent presque tout de suite à peu près tout ce qu'elles ont à dire.

Cependant on ne voit point dans sa génération de peintre mieux doué pour la décoration et l'on n'en citerait guère plus de deux ou trois — dans tout l'art contemporain — qui puisse, dans ce domaine, lui être comparé. C'est un novateur. C'est un croyant. Son art n'est jamais petit, ni mesquin, ni anecdotique. Il passe aisément du particulier au général et du relatif il tend constamment à l'absolu.

Cet artiste marche à la tête du grand mouvement qui entraîne tant de jeunes peintres vers l'art décoratif, vers la décoration murale. Il a un tempérament de chef. Il aura puissamment contribué à établir et à fortifier le sentiment de l'ordre. Il a su être un novateur et demeurer traditionnel.

ÉDOUARD VUILLARD

EDOUARD VUILLARD

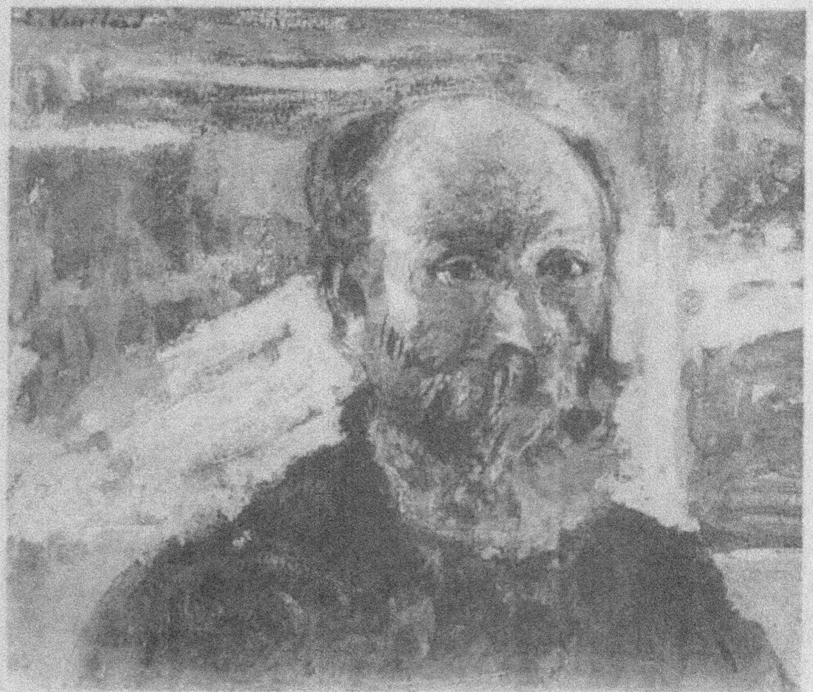

Cliché Druet

PORTRAIT DE L'ARTISTE

PAR LUI-MÊME

ÉDOUARD VUILLARD

Ses tableaux déplaisent à la foule. Ils ont quelque chose de mystérieux. On ne voit guère, pour s'y intéresser, que des amateurs parvenus à une haute culture intellectuelle et visuelle, très affinés, capables de contemplation et d'un certain recueillement. Rien de moins éloquent. Rien de plus délicat. Ces tableaux ne s'adressent qu'à certaines catégories de personnes. Ils parlent à voix assourdie, ils suggèrent plus qu'ils ne précisent, et proposent plutôt qu'ils n'imposent. La plupart de ces peintures relèvent de l'art décoratif. Elles s'intègrent très étroitement au mur pour lequel elles ont été conçues. On ne peut les en détacher sans arracher en même temps à la muraille ce qui était devenu son épiderme coloré, sans priver ces peintures elles-mêmes d'une grande partie de leur

beauté. Elles procèdent d'une idée ou plutôt d'une
émotion d'ordre général et sacrifient tous les détails
qui n'étaient pas indispensables à l'expression de
cette émotion. Enfin ces peintures comportent
souvent une leçon d'ordre général que chacun peut
recueillir individuellement, mais que pourraient
asusi recueillir en commun tous ceux que leur éducation ou leur instinct ont prédisposés à entendre
ce genre d'enseignement. Le propre de l'art décoratif est-il de s'adresser à tout le monde ? Ce n'est pas
nécessairement son caractère. Il est hors de doute
que ces tableaux ne peuvent plaire à des collectivités composées d'hommes sans éducation mais il
suffit que des élites puissent se complaire dans
l'atmosphère que ces peintures créent en des intérieurs ou sur les murs d'un édifice pour qu'on ne
puisse pas leur dénier le caractère décoratif.

*
* *

Cette conception de l'art de peindre est d'une
nouveauté indéniable, en accord avec certaines aspirations particulières à notre époque, et elle constitue l'aboutissement ou plutôt la transfiguration

de certaines façons très récentes de sentir et d'interpréter picturalement les spectacles de la nature.
Elle se rattache en même temps à une très ancienne
tradition française. La culture intellectuelle et visuelle dont il est nécessaire que soient pourvus
ceux qui veulent s'y intéresser est de caractère très
français. A travers certaines influences étrangères
— persane ou japonaise — certaines décorations de
M. Vuillard se relient à Poussin et plus encore
aux tapisseries du xviiᵉ siècle en verdures mono-
chromes ou verdures animées de fleurs et de personnages. Ils s'apparentent aussi parfois à ces tapisseries gothiques de tons rompus qui exercent sur
nous leur séduction d'une façon mystérieuse, par
une sorte de symbolique de la couleur, de l'arabesque et des accords de tons, beaucoup plus que
par le sujet et le mouvement des personnages. Ces
tapisseries, dont le sujet est pour nous sans intérêt,
exercent sur nos sensibilités un pouvoir occulte,
une puissance de suggestion intellectuelle. Tel est
aussi le caractère de certaines peintures de M. Vuillard.

Elles se rattachent par conséquent à une tradition,
mais leur originalité profonde n'en est pas dimi-

nuée. Les émotions qu'elles nous font connaître sont extrêmement vives et d'ordre pictural. Par leurs origines, leurs tendances et leur caractère propre. Ces œuvres sont de tous points en opposition avec l'enseignement académique considéré dans ce qu'il a d'essentiel : la superstition de « la ligne », du sujet « bien présenté », du coloris brillant et sommaire, et de la signification parfaitement claire, tellement claire qu'elle en devient élémentaire et dénuée de tout intérêt. Comment retenir l'attention du visiteur si on lui explique tout en un instant et surtout si on lui donne l'impression que ce tout se confond à peu près avec le néant ? Cette conception de l'art de peindre restitue par des moyens nouveaux à notre tradition le sens du mystère, le goût de la vie intellectuelle, la préoccupation des sentiments et des émotions qui ne peuvent s'exprimer qu'imparfaitement, des analogies confuses entre la vérité stricte et l'au-delà de la vérité.

Cette peinture procède du même état d'esprit qui suscita — voilà vingt à vingt-cinq ans — la poésie symboliste.

On se rappelle les vers mystérieux de Mallarmé :

« Tel qu'en lui-même enfin l'éternité le change »

et la nostalgie rêveuse d'Edgar Poë :

« Les réalités du monde m'affectaient comme des visions
et seulement comme des visions... »

Devant ces peintures décoratives — je parle des
meilleures — on se souvient des vers de Baudelaire :

« Les parfums, les couleurs et les sons se répondent »

et l'on a la sensation que tout le fantastique parfois
peu pénétrant d'Odilon Redon (qui fut l'un des
rénovateurs de la tradition française) se rassemble
ici pour composer un drame silencieux, presque
purement mental dont les objets sont le prétexte.
Avant de se composer sur la toile en action
dramatique des émotions parviennent au cerveau
de l'artiste par l'intermédiaire des yeux, y déterminent des émotions intellectuelles, se propagent
dans toute la sensibilité et reviennent enfin s'exté-
rioriser à l'extrémité des doigts comme un fluide
se polarise et crépite une pointe. Condensée sur la
toile ou sur la feuille de papier cette émotion gardera
assez de puissance communicative pour se propager
à nouveau dans les yeux et à travers le réseau nerveux de certaines catégories de visiteurs. Échanges

inconscients, travail occulte dont il se peut que le peintre ne se rende pas un compte exact mais qui déterminent aussi nettement le choix de ses sujets et de ses gammes de couleur que, dans la vie privée de l'artiste, se déterminent non sans exclusivisme le choix de ses amitiés, de ses admirations et de la portion du public qu'il juge susceptible de s'intéresser à son art.

On ne s'étonnera point que l'art de peindre compris de cette manière, exige chez l'artiste qui le pratique du silence et de la méditation. Les émotions qui servent de point de départ à l'élaboration du tableau ne peuvent être recueillies que dans le recueillement de toutes les forces nerveuses, elles ne peuvent se transposer en touches colorées que dans une solitude passionnée, et elles ne peuvent se transmettre au spectateur que si celui-ci possède par nature quelque analogie mentale avec la psychologie sentimentale du peintre. Ajoutons que ces peintures s'adapteront au mur d'autant plus étroitement que la destination de l'édifice impliquera quelque travail psychique.

De toutes les pièces que M. Vuillard a décorées, celles qu'il a le plus fortement imprégnées de son esprit sont les bibliothèques, les cabinets d'étude, les salles de repos où le travailleur intellectuel, dans les l'intervalles de ses recherches, se berce de vagues sensations heureuses dont la nature fournit le motif. Devant ces peintures l'intelligence ne doit jamais abdiquer la faculté de discerner les éléments dont le plaisir visuel se compose. Telle est l'impression qu'on éprouve par exemple devant la suite des *Jardins de Paris*, œuvre de début qui orne aujourd'hui l'antichambre-galerie de M. Alex. Natanson et qui avait été conçue pour un salon que Vuillard imaginait évidemment peu encombré de toilettes tapageuses et peu retentissant de bavardages mondains. Tel est aussi le caractère de la décoration qui se trouve en partie chez M. Claude Anet et en partie chez le prince Bibesco sur un motif de personnages devisant dans un jardin. Tel est encore le caractère de deux décorations magistrales : l'une fut exécutée pour le cabinet de travail de la princesse Bassiano, l'autre se trouve aujourd'hui chez M. Léon Blum.

M. Vuillard n'est pas un artiste populaire et il ne faut pas qu'il essaie de le devenir. L'intérêt bien entendu de son œuvre s'est trouvé d'accord avec la nécessité[1] quand il renonça à exposer aux Salons. Même ses expositions d'ensemble[2] ont gardé un caractère d'intimité discrète. On ne le voit point voisiner avec n'importe qui. Si on rencontre par fortune quelques-uns de ses tableaux dans une salle d'exposition en France ou à l'étranger, c'est le plus souvent à son insu et parfois contre son gré. Le marchand, qui depuis quinze ans s'occupe des relations de ce peintre avec le public, laisse à l'artiste liberté absolue d'accepter toute commande mais le libère de toute servitude à l'égard des amateurs. Ce sont des circonstances favorables. M. Vuillard peut se recueillir, vivre à peu près isolé dans le groupe[3] qu'il s'est choisi, travailler pour quelques-

1. Ayant été refusé en 1890 par Meissonier au Salon de la Société Nationale, l'artiste ne se proposa plus aux sévérités de ce jury. Ses envois au Salon d'automne sont très irréguliers.

2. Chez MM. Bernheim-Jeune.

3. Ce groupe se compose essentiellement de K.-X. Roussel, Pierre Bonnard, et de quelques amateurs ou amis très anciens.

M. Vuillard est né en 1868 à Cuizeaux en Saône-et-Loire, où son père était percepteur. Quand sa mère, devenue veuve, vint habiter Paris, il entra au lycée Condorcet. Il y connut K.-X. Roussel dont le père était médecin. C'est K.-X. Roussel qui, le premier, rêva de peinture et entraîna son ami dans l'atelier où professait D. U. N. Maillard. Charles

uns, chercher à se contenter lui-même plutôt qu'à satisfaire les autres, loin de toute compétition d'amour-propre, de tout honneur officiel [1], de toute

Cottet y faisait ses premiers essais, et il étonnait tout le monde par sa facilité. M. Vuillard connut Maurice Denis par Pierre Veber, condisciple du lycée Condorcet, et Bonnard par Maurice Denis.

Tous les quatre s'inscrivirent à l'académie Jullian. Pendant quelques mois M. Vuillard reçut de Bouguereau et de Tony Robert-Fleury l'enseignement le plus illusoire. Il entra ensuite à l'école des Beaux-Arts dans l'atelier de Gérôme qui lui parut terrifiant. Au bout de deux mois il cesse de fréquenter cet atelier, continue à suivre les « corrections » pendant un an ou deux et vers 1890 abandonne toute ambition pour travailler seul. Les sujets traditionnels de l'école des Beaux-Arts, Néron ou Cléopâtre, le glaçaient. Il fit beaucoup de natures mortes, très tranquilles, quelques paysages, et quelques figures en des intérieurs. Il est remarquable que ces premiers essais soient très peu dissemblables des œuvres de la maturité. Ce sont les mêmes préoccupations du ton local, les mêmes matités, la même façon de voir et de dessiner. Vers 1889, c'est-à-dire quand il était déjà en possession de sa personnalité, il découvrit les Impressionnistes. Une exposition des œuvres de Degas vers 1895, celle de Claude Monet en 1900, et les figures isolées, en plâtre, des Bourgeois de Calais, par Rodin, demeurent les souvenirs les plus émerveillés de ses premières admirations.

1. Il a préféré ne pas recevoir le ruban de la Légion d'honneur.

brigue et de tout ce qui pourrait ressembler à un
désir de publicité. Bien peu d'amis ont pénétré
dans l'atelier tranquille du boulevard Malesherbes.
On n'en citerait peut être que quatre ou cinq qui
puissent franchir le seuil de l'appartement familial
de la rue de Calais. On ne rencontre que rarement
M. Vuillard dans les salons mondains, ou dans les
expositions de peinture. Sa vie est discrète comme
son œuvre.

LES PANNEAUX DE M. LÉON BLUM

Examinons d'abord celle des décorations de
M. Vuillard où se révèlent avec le plus de netteté
ses antipathies et — par contraste — ses préférences.
Ce sont les deux vastes panneaux datés de 1899.

Le premier de ces deux panneaux représente un
vaste paysage où les verts jouent le rôle principal.
Il se compose de trois plans de collines, se dépas-
sant les uns les autres d'un mouvement onduleux
vers l'horizon. Très peu de ciel. Une bordure de
fleurs grises parmi des feuilles gris-vert encadre
ce paysage.

A notre gauche et en bas se trouve le pignon triangulaire d'une petite maison d'un joli jaune-gris percé d'une fenêtre ouverte dont les persiennes rabattues laissent voir une silhouette de femme accoudée sur son balcon fleuri, vêtue d'un corsage de lingerie, et qui regarde de profil se détachant sur un fond sombre. Au centre quelques toits gris et rouges de petites maisons. C'est un village blotti dans un pli de terrain entre deux mouvements de collines. Un clocher pointu, couvert d'ardoises gris-bleuté pointe sa flèche vers le ciel. Une ligne de peupliers en rideau fait pressentir dans ce creux un ruisseau. Çà et là — principalement sur le second mamelon — le tapis carrelé de moissons encore en herbe, s'enrichit de tous les gris allant du gris vert au jaune-gris. Partout la rotondité d'arbres en bouquets. La ligne du ciel, dans le fond et en haut, est d'un gris indéfinissable. A l'extrême premier plan, presque sur la bordure, se trouvent un toit recouvert de tuiles brunes, çà et là, des carrés de terre labourés ou non, très individualisés bien que discrètement, avec quelques arbres vert sombre.

Rien de moins « éloquent », et cependant rien

de plus noble, ni de plus touchant. On sent que l'artiste a horreur de toute emphase, de toute redondance, de toute rhétorique, et même, dans son art, de toute littérature. Comme tout autre il aurait pu saisir le pittoresque et le mettre en valeur. Il l'a au contraire volontairement atténué. Sur ce motif de nature il a voulu composer une harmonie très sobre, de tons soutenus, sans rien qui pût distraire l'attention de l'impression générale qu'il voulait suggérer ni — surtout — qui pût faire saillie hors du mur avec lequel il voulait que l'œuvre se confondît. Nous voilà aussi loin que possible du trompe-l'œil, de l'exactitude, de la variété superficielle et séduisante, des oppositions arbitraires de tonalités. C'est de l'art sobre, sévère, c'est de la beauté tranquille, de l'intimité paisible. Cette peinture décorative est essentiellement calme, reposante, d'un style noble, d'une extrême délicatesse dans les accords de tons mais d'une délicatesse comme assourdie. Elle est d'un accent très moderne. On ne voit point de quoi on pourrait la rapprocher ni dans l'art de ces dernières années ni dans l'art ancien. Cependant elle s'affilie aux tapisseries dites verdures du siècle de Louis XIV. C'est le décor par excellence d'un cabinet de travail, asile de la méditation.

Or, cette peinture à un sens. Elle comporte un enseignement puisqu'elle invite à la contemplation. Elle nous décrit — comme font les Géorgiques — la beauté touchante d'un paysage aux lignes onduleuses, le travail occulte de la germination, le plaisir de vivre dans cette solitude paisible. M. Vuillard nous fait sentir quel contraste il y a entre toute cette tranquillité et le vain tumulte des grandes villes. Il nous indique ses préférences et nous convie à les partager.

Cependant on devine que ce paysage a été vu par un citadin accoutumé à s'analyser lui-même et à se rendre compte du pourquoi de ses émotions. On sent qu'il a été peint dans une grande ville et pour un appartement de grande ville. On n'y respire pas l'odeur rustique de la terre qu'on retrouve dans certains tableaux de peintres-paysans qui ne raffinant jamais sur leurs émotions et disent d'un cœur candide leur attachement pour le pays où ils peignent et leur amour pour la terre et pour les choses. La vision de nature de M. Vuillard se propose à nous comme la récompense possible du travail intellectuel que l'on poursuit devant elle. Elle s'associe étroitement à un état d'esprit citadin.

Est-ce à dire que la sincérité de M. Vuillard soit moins grande que celle des peintres-paysans? pas le moins du monde, mais ses impressions de nature ne se retrouvent dans ses tableaux que toutes compliquées d'opérations mentales, imprégnées de spiritualité, toutes pénétrées de méditation, et comme enrichies de sa propre substance intellectuelle. Les émotions ne parviennent à son cœur et ne se propagent au delà de ses doigts qu'à travers le cerveau. Dans l'élaboration de ses œuvres l'Intelligence garde son rôle prépondérant bien qu'elle se mette au service de la sensibilité visuelle. C'est elle qui analyse ces émotions, qui les ordonne et qui gouverne la sensibilité par laquelle tout est vivifié.

Il est plus facile de sentir que d'exprimer avec précision ces nuances très subtiles. Si on compare mentalement les *Faucheurs* d'Henri Martin, si parfaitement rustiques, aux panneaux décoratifs de M. Vuillard peut-être comprendra-t-on mieux le contraste entre ces deux façons de regarder la vie. M. Henri Martin a vu un beau spectacle. Il a ressenti vivement sa beauté simple et saine, il a éprouvé une sorte d'ivresse physique, et il a exprimé à peu près telle qu'elle se présentait à sa sensibilité cette émotion sommaire et puissante. Dans les paysages si délicats dans leur apparente simplicité de M. Vuillard on sent le travail constant (fût-il inconscient) de l'intelligence ordonnatrice, modératrice, l'influence occulte d'une culture intellectuelle dont il n'appartient plus à l'artiste de se départir et qui fait partie intégrante de sa personnalité au même titre que l'intuition ou l'instinct. La sensibilité devant le motif de nature est tout aussi vive, tout aussi ardente que celle de M. Henri Martin mais elle est plus fine, plus pénétrante, plus consciente d'elle-même, plus attachée à suggérer l'au-delà des réalités immédiates que l'apparence directe de ces réalités.

Certains peintres, devant des spectacles de nature, se jettent comme des gloutons sur l'objet de leur amour. D'autres rusent avec leur plaisir, attendent, caressent, comparent, s'intéressent à démêler le progrès de leur plaisir et de toutes leurs sensations. Ils font un choix pour en composer une musique précieuse qui cependant n'est dénuée ni de grandeur ni de force. Tel est le cas de M. Vuillard.

Le second panneau c'est, dans un bois que l'artiste regarde d'un monticule, sous le gris presque plombé du ciel, un grand chêne vert-sombre qui s'érige, majestueux et décoratif, masse imposante de verdure que soutiennent tous les verts d'arbres en bouquets.

Au premier plan et à notre gauche, un chemin gris contourne un petit bois sur lequel s'éloigne une fillette vue de dos et dont le tablier rose (dont les deux extrémités ne se rejoignent pas tout à fait) laisse voir un peu de la robe bleu sombre. Ce tablier rose chante, on dirait « pour le plaisir », un air vif et coloré. Au milieu de toutes ces verdures on distingue une petite maison de garde forestier à peine indiquée, d'un ton gris-jaune-verdâtre indéfinissable et qui nous fait sentir dans cette solitude la présence d'êtres humains.

Comme à l'autre panneau une bordure végétale panachée de fleurs grises encadre la composition.

Du point de vue décoratif cela vaut par la composition parfaitement bien ordonnée, par la signification d'ensemble et par la façon dont ce panneau s'intègre pour ainsi dire de lui-même au mur contre lequel on le place. Exactement il s'y adapte comme une tapisserie qu'on fixe avec quatre clous et qui semble avoir été placée de tout temps à l'endroit où on la pose. Pas de pittoresque inutile, pas de détail inexpressif. C'est presque une toile de fond en grisaille colorée et dont le but est de rassembler l'intérieur à décorer et non de le prolonger au delà du mur par une illusion de ciel ou de perspective aérienne. C'est presque une peinture en camaïeu. Elle n'attire pas le regard. Elle le repose. Elle ne lutte avec rien de ce qui contribue à l'ameublement de la pièce. Elle semble avoir été conçue de façon à ne pas déranger le cours des pensées de celui qui, dans ce cabinet de travail, a peut-être une vie intérieure qu'il préfère qu'on ne trouble pas.

Quoi de plus opposé à cette façon de comprendre la décoration que l'anecdote picturale : marin tirant un bateau ou paysan bêchant la terre, dont il semble que celui qui les a constamment sous les yeux doit à la longue se dire : « Ils n'en finiront donc jamais ! » Le mérite de ces panneaux décoratifs, c'est de se taire si on ne les interroge pas et d'accompagner discrètement la pensée du visiteur si celui-ci s'adresse à eux.

« On peut ne pas les voir » éloge qui n'est pas à

dédaigner quand il s'agit de vastes[1] compositions destinés à un appartement domestique, de dimensions relativement restreintes et dans lequel s'écoule quotidiennement une vie laborieuse.

Du point de vue « peinture » cela est très beau. Le dessin est savant et solide, d'une grande liberté malgré la précision des détails. Il y a de la consistance, un éclat tempéré, comme amorti, mais beaucoup de richesse tout de même. Cela est peint sur toile, à l'huile, et cela ne vise, même de loin, ni au brillant, ni au séduisant. Cette matité est riche, délicate, puissante et simple. Les « valeurs » sont indiquées avec précision, avec un soin précautionneux. Chaque chose est à sa place et rien ne détruit à son profit le plus parfait équilibre ! Regardez ce coup de lumière presque blanc sur ces deux érables en bouquets placés de côté et d'autre d'un autre feuillage en coupole dont le vert plus clair s'influence de reflets presque insaisissables... quelle délicatesse de vision ! Aucune monotonie. Les masses végétales sont séparées les unes des autres par des cernes dont les diverses courbes se combinent entre elles étroitement. Est-ce de l'ombre

1. L'un a 2 m. 48 × 4 m. 32. L'autre a 2 m. 50 × 3 m. 80.

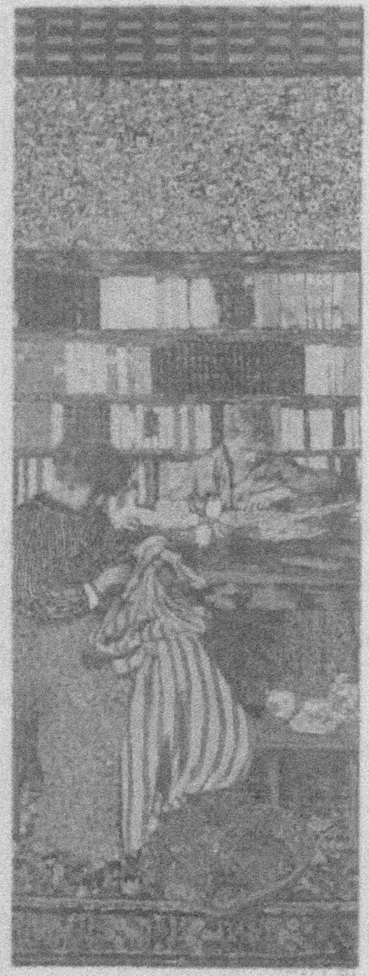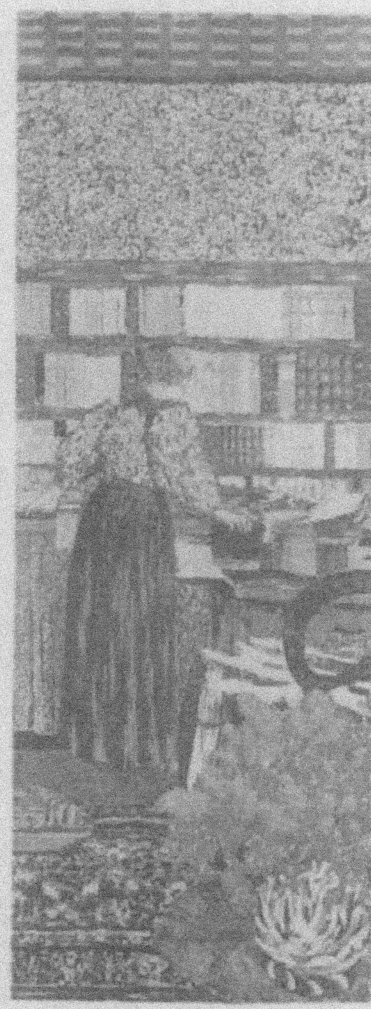

Cliché Druet

LA BIBLIOTHÈQUE

lumineuse? est-ce de la clarté plus sombre? On
sent un ordre. Il y a de la majesté. C'est un commentaire délicieux et grave d'un paysage de l'Ile-de-
France. Cette sonorité sourde se compose d'innombrables tonalités. C'est la projection sur un paysage
de la sensibilité de M. Vuillard et de sa façon de
considérer la vie extérieure comme une sorte de
reflet de la vie intérieure. Ce paysage nous révèle
un rêveur et un contemplatif. Et cependant le motif
de nature ne se laisse jamais oublier C'est d'une
séduction austère. La beauté de cette composition
est d'ordre mathématique presque autant que
d'ordre pictural. On sent des idées. M. Vuillard
s'exprime par masses colorées, par des tons et des
rapports de tons, comme Pascal par des arrangements de mots, par des phrases courtes et précises,
délimitées en « Pensées ». On sent un rythme,
une mesure, et un goût parfait. Ce n'est pas la
copie de la nature. Telle une dentellière, par les
moyens de son art, à propos d'une rosace de
cathédrale, crée avec ses fils entrelacés sur son
petit carreau une autre combinaison de lignes, de
formes, d'ombre et de lumière et dans lesquels
cependant on sent des analogies avec le motif initial,

de même M. Vuillard, à propos d'un paysage, célèbre la beauté de la nature et, dans cette beauté, choisit des éléments dont il compose une autre vision.

LA BIBLIOTHÈQUE DE M. VAQUEZ

Regardons maintenant la décoration exécutée en 1896 ou 1897 pour le Dr Vaquez[1]. C'est une décoration pour un cabinet de travail. Bien qu'elle soit aussi loin que possible de tout sujet anecdotique elle est d'un sentiment moins général.

Elle se compose de deux grands panneaux et de deux autres plus petits. Ce sont des personnages dans des intérieurs. Ils pourraient avoir pour titres : Le Choix des livres, le Travail, la Musique et l'Intimité.

Ces quatre panneaux sont reliés entre eux par l'unité du sentiment que nous rendent sensible les accords de couleur qui, de l'un à l'autre panneau, se répondent et se complètent. L'accord fondamental se compose de bruns, sur lequel sont figurées les innombrables fleurettes roses mêlées de verdure d'un papier ou d'une étoffe de tenture tapissant ces

1. A l'huile et sur toile.

intérieurs. Ce fond est très riche parce que ces fleurettes sont très nombreuses et d'une très grande variété de tons, il fait penser à certaines miniatures persanes, fines et minutieuses dans le détail mais cependant conçues d'ensemble, et traitées par masses, avec la préoccupation constante de l'effet général.

A ces fonds, dans les premiers plans répondent des tapis de dessin persan, d'une diaprure très riche, très fondue, très variée, formée de fils de laine multicolores associés avec goût. Toute la gamme des roses-rouges-violacés répond, dans ces premiers plans, aux vieux-rose violacés des fleurettes de la tenture.

Entre ces deux grandes taches qui se retrouvent dans chaque panneau, M. Vuillard a imaginé une grande tache occupant le centre. Dans les deux petits panneaux c'est par exemple une boiserie de bibliothèque en acajou avec la gamme variée des dos des livres, qui, reliés ou brochés, lui permettent de choisir avec vraisemblance tous les tons qui lui sont utiles pour enrichir et compléter sa gamme, pour mettre en valeur telle ou telle partie, pour relier entre eux les divers éléments dont se compose cette harmonie si comparable à un bouquet composé de fleurs de tonalités très diverses choisies entre mille par des yeux d'artiste cherchant le maximum de puissance et de délicatesse dans les associations de tons.

Enfin, dans chaque panneau et se détachant en partie sur cette grande masse centrale et en partie sur le papier de tenture, l'artiste a placé des personnages. Dans le premier panneau, c'est une jeune femme qui fait « le choix des livres ». Elle est debout avec une jupe rouge foncé, presque de la même couleur que l'acajou de la boiserie et un corsage moucheté de gris-jaune et de rose-rouge violacé.

Dans le deuxième, c'est un jeune homme en veston gris-vert qui travaille à sa table encombrée de papiers, non loin d'une jeune femme à chevelure d'un blond presque rouge qui coud assise au premier plan. Elle est vêtue d'une jupe tachetée de gris-verdâtre et de petites touches rouge-rose violacé. Elle travaille à une grande étoffe rayée de longues lignes rose-rouge sur fond gris.

Dans « la musique », c'est une pianiste à robe rouge-rose assez vif qui touche le clavier d'un grand piano à queue d'acajou sombre. Au premier plan une jeune femme à la chevelure blonde presque rouge, à corsage vert foncé, travaille devant un monceau d'étoffes indiquées par d'inextricables petites touches gris-verdâtres, roses violacés, bruns et noirs.

Dans le dernier panneau, « Intimité » une jeune femme est assise, vêtue d'une grande jupe grise à teinte plate qui absorbe beaucoup de lumière, d'un corsage brun tacheté de rouge avec, autour du cou, un empiècement gris-vert. Dans ses cheveux blond-foncé se jouent des reflets rouges. Deux autres jeunes femmes dans l'entrebâillement de la porte sont debout. Le brun domine dans l'une des robes et le rouge dans l'autre.

Il est évident que tout cela a été vu par la couleur et pour la couleur. C'est par des matités que M. Vuillard a voulu donner une impression de richesse sobre et de bonheur calme. Ces peintures sont aussi paisibles que ne le sont des tapis persans, elles sont aussi riches, aussi douces à l'œil et d'un velouté presque aussi profond.

Cependant ces peintures sont de tradition française. On sent que le plaisir du peintre en les exécutant a été d'ordre intellectuel. Le tapis, si beau qu'il soit, a quelque chose d'inintelligent. M. Vuillard, lui, a exprimé « le plaisir qu'il éprouvait en constatant de quoi était fait son plaisir visuel », et il s'est amusé à en reconstituer sur sa toile tous les éléments. Analyse minutieuse et synthèse faite avec joie! Nous ne sentons pas que l'artiste ait fait poser réellement ces personnages dans ce décor. Il a peint de souvenir et d'imagination au moins autant que d'après nature.

Il est indéniable que ces peintures auraient pu être encore plus belles si elles avaient pu concilier avec toutes ces qualités de coloriste un dessin plus serré et si les formes avaient été plus heureuses et plus séduisantes. Reconnaissons que c'est le défaut de ces personnages. L'artiste était décidé à leur donner un rôle de complément et non à leur subordonner tout le reste. C'est pourquoi il les a placés à contre-jour et il n'a pas voulu les individualiser avec précision en modelant avec amour les mains, les bras, le cou et le visage. Il avait un parti pris d'homogénéité. Les personnages sont là au même titre que les étoffes et les objets. Ils font partie d'un « stilleben »[1]. J'entends bien qu'on

1. Mot allemand qui signifie « vie silencieuse » et que nous traduisons mal par « nature morte. »

pourra dire devant ces panneaux décoratifs : « Ceci est-il une main ? est-ce un bras ? est-ce un visage? est-ce que ce sont des fleurs ? ou des étoffes ? » Mais il faut accepter le postulat de l'artiste ou condamner l'œuvre toute entière. Or elle est délicieuse, magnifique, d'une originalité éclatante, d'une personnalité indéniable. Ces peintures sont la projection d'une sensibilité nerveuse. Elles ne tienne compte que dans une petite mesure de l'imitation de la réalité.

« A propos de tapis faisons cet autre rêve... [1] »

M. Vuillard a de l'imagination. Mais c'est une imagination qui s'attache aux réalités. Sur des motifs de nature il compose des variations picturales très comparables aux variations musicales qu'un compositeur sur le même motif aurait pu aussi composer. Il procède par allusion beaucoup plus que par imitation directe. Un musicien, pour donner l'impression de l'orage n'imite pas matériellement le bruit des détonations de la foudre. Il peint les sentiments que cet orage détermine en lui et par conséquent en nous. Par ce moyen indirect il nous restitue l'impression de l'orage. De même voulant

1. Rêve de rouges et de verts variés à l'infini !

exprimer en musicien le chant des oiseaux ne nous fait-il pas entendre l'imitation très parfaite que nous donnent certains oiseaux mécaniques. Il nous dépeint l'état d'âme que provoquent en lui les arbres où chantent des oiseaux.

Ainsi en agit M. Vuillard à propos de la nature. Les objets sont une indication pour situer les conditions d'espace et de lieu mais ne constituent pas « le sujet ». Devant ces tableaux le souvenir précis que je pourrais avoir des objets eux-mêmes gênerait mon plaisir plutôt qu'il n'y contribuerait. Il me déplairait de « reconnaître » le lieu s'il m'avait été donné de le voir. Il m'est indifférent de savoir « si c'est exact ». Je préfère de beaucoup continuer sur les motifs qui ont inspiré le peintre, le songe de douceur rougeâtre, d'harmonies subtiles, de tonalités violâtres dont il me donne les fils conducteurs. Ces tableaux sont faits « à propos de la réalité. » Ils ne prétendent pas à recopier la réalité. Ils nous proposent un thème initial et servent de guide à notre plaisir. C'est exactement le contraire de la peinture académique. Le sujet disparaît. Dans le plaisir que nous éprouvons il y a une part de suggestion, peut-être même de sortilège. Ne comparons pas une

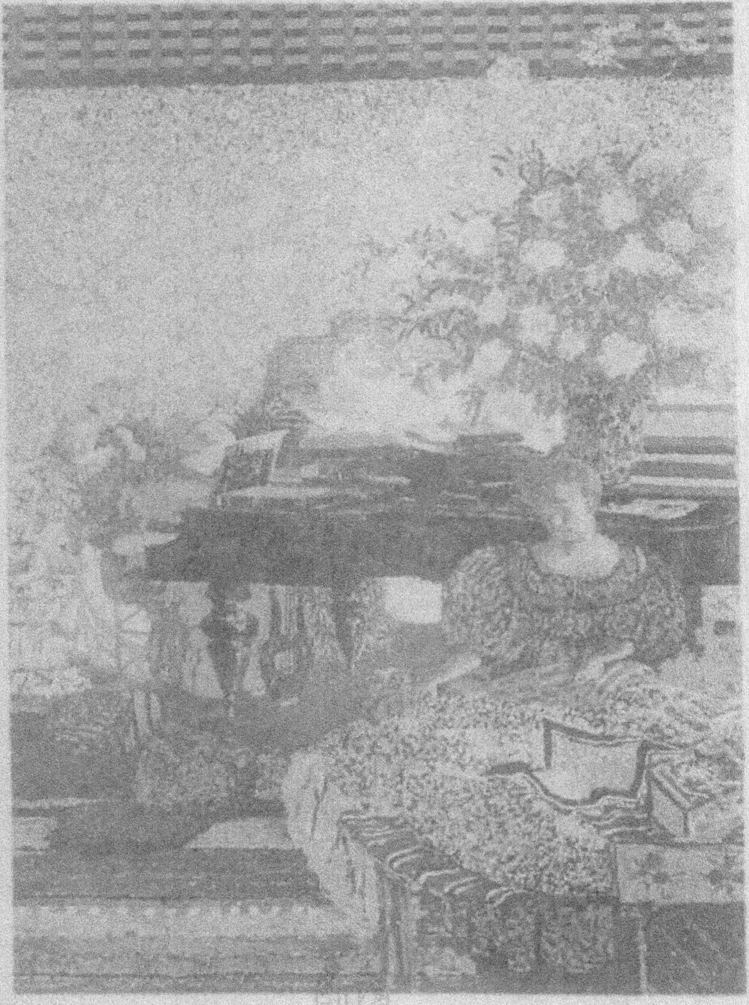

LA MUSIQUE

EDOUARD VUILLARD

bonne histoire bien claire et bien savoureuse (dont je suis loin de dénier le prix) à des entretiens confidentiels d'amoureux qui en disent plus pendant les silences qu'ils n'en expriment avec des mots. Qu'y a-t-il de commun entre une conversation utilitaire, précise et rapide, et de lents entretiens précautionneux de psychiâtres qui s'interrompent pour écouter l'au-delà de leur pensée et surprendre la présence éventuelle des esprits qui peut-être rôdent invisibles autour d'eux ?

S'il est vrai que les êtres vivants occupent une place d'autant plus élevée dans la hiérarchie des êtres organisés que devient plus nette la différenciation de leurs fonctions organiques, peut-être aussi les peintres se rapprochent-ils d'autant plus du premier rang qu'ils découvrent avec plus de finesse pénétrante de quoi se compose le mystère des choses colorées.

Ces spéculations visuelles peuvent se comparer aux spéculations de la pensée philosophique qui, à partir d'un certain point, cessent de s'adresser au plus grand nombre pour ne plus intéresser que des initiés de plus en plus rares à mesure que s'affine le travail subtil de l'analyse et que devient aléatoire

la possibilité d'une synthèse. C'est par les recherches
« incompréhensibles » des philosophes que se
nourrit l'humanité intellectuelle [1], chacun s'assimi-
lant ce qu'il est capable de s'assimiler. Dans l'œuvre
de M. Vuillard le sujet n'est plus qu'un point de
départ pour des déductions et des conclusions
d'ordre visuel. Si l'on faisait le compte de tout ce
que M. Vuillard doit aux Impressionnistes, on
pourrait, par ces prémisses, se faire une idée des
services que lui-même aura rendus à ceux qui
viendront après lui.

Le grand panneau décoratif que M. Vuillard a
exécuté vers 1911 pour la princesse Bassiano est
l'un de ceux où se manifestent le plus brillamment
ses qualités décoratives. C'est une peinture somp-
tueuse et sobre. Elle représente deux groupes de
personnages assis, causant dans un intérieur auprès
de quelques rayons de bibliothèque où se voient
des livres, et se détachant sur une tenture que divise
en trois parties une composition décorative exécutée
à la manière d'une tapisserie et représentant Adam
et Ève dans le paradis terrestre. Au dessus de cette

1. *Humanum paucis vivit genus.*

tenture, d'un bout à l'autre du panneau, règne une frise décorative représentant des personnages debout, en des attitudes qui rappellent l'antique. Deux colonnes cannelées, coupées par la boiserie, et leurs chapiteaux composites accentuent, dans cette composition de sentiment absolument moderne, les réminiscences classiques.

La tenture du fond se joue dans les bleus et le fond d'Adam et Ève est gris et jaune pénétrés de bleu. Des trois femmes placées à notre droite l'une est brun-roux, assise dans un fauteuil bleu, la seconde est presque noire, et la troisième, derrière les autres, porte une jupe jaune et un corsage bleu.

A notre gauche le vêtement de l'homme qui porte une barbe est d'un vert très sombre presque noir, la jeune femme derrière lui est d'un autre vert-sombre et la petite fille devant eux est vert-bouteille.

Le tapis où traînent des magazines de diverses couleurs est gris-bleuté. L'ensemble se joue par conséquent dans une gamme de gris-jaune, brun-roux et vert pénétrés de bleu. Le tout avec une préoccupation de richesse sobre et de matité. Pas de faux brillant, pas d'éloquence, pas de pittoresque et pour ainsi dire pas de sujet.

Devant cette vaste peinture on sent ce qui constitue l'originalité profonde de M. Vuillard. Les
Impressionnistes — et notamment Claude Monet
— s'étaient consacrés à l'étude des variations de
la lumière, à la reconstitution presque scientifique
de l'atmosphère. Ils avaient noté la qualité du ton
dans l'air. Et ils s'étaient constitué une palette dont
le bleu, le violet et l'orangé étaient les couleurs
principales.

Ce panneau décoratif nous démontre que M. Vuillard n'a connu et admiré les Impressionnistes que
pour se livrer à d'autres recherches et aboutir à
d'autres résultats.

Sa palette est aussi différente de celle des Impressionnistes proprement dits que des bitumes et
des lourdeurs de l'école académique. Il peint des
intérieurs et ne se préoccupe que d'une façon très
secondaire de la recherche de l'atmosphère. Il n'a
pas du tout la superstition de la ligne ingresque
ni des formes et des volumes harmonieux qui ont
établi la gloire de Raphaël. Ce qu'il cherche, c'est
le caractère — et pour ainsi dire l'âme profonde —
des objets et des personnages envisagés comme
des masses colorées parmi d'autres masses colorées

dans une harmonie intime et profonde. Ne cherchez
pas dans l'expression des visages une expression
psychologique. Ne cherchez pas dans l'interprétation des formes une recherche d'harmonie individuelle. M. Vuillard n'a voulu voir qu'un ensemble
coloré, composé d'éléments divers, et qu'il a
reconstitué en reprenant ces éléments et en les
assemblant à nouveau avec leur valeur propre et
le caractère expressif qui leur est individuel.

Il cherche le ton local à son plan, tous les tons
locaux à leur plan, chaque ton local dans sa complexité analytique, pour aboutir — par le détail —
à de l'unité rigoureuse dans une harmonie très fine,
très sobre. Par ces moyens, il parvient à nous donner
une sensation de vision objective, mais non dénuée
d'une psychologie que nous appellerons visuelle
faute de trouver un terme qui lui convienne mieux.

L'œuvre de M. Maurice Denis — qui est un ami
de M. Vuillard — est un compromis entre les
influences classiques, la tradition récente des
Impressionnistes et la préoccupation de la couleur
pour la couleur de Gauguin ou de Van Gogh. Les
blancs sur sa palette jouent un rôle prépondérant.
Il peint avec de la lumière et de la couleur. M. Vuil-

lard peint avec des tons et des associations de tons. De ce point de vue il est beaucoup plus près de Cézanne que ne l'est M. Maurice Denis. Cependant il ne ressemble à personne. Et l'on ne peut établir des analogies entre certaines natures mortes ou certains paysages de Cézanne et certaines peintures de M. Vuillard que si l'on s'ingénie à saisir même les rapports mystérieux de filiation élective. La peinture de M. Vuillard ne ressemble qu'à celle de M. Vuillard.

Or ces peintures ont une âme secrète, une puissance de suggestion, une force de propagande d'autant plus persuasive qu'elles sont plus discrètes. L'émotion en est contenue mais d'autant plus communicative. Il émane de ces peintures des ondes qui ne peuvent ébranler que des organismes nerveux très sensibles mais qui s'inscrivent cependant sur certaines sensibilités comme s'inscrivent à travers l'espace sur des enregistreurs ultra-sensibles les ondes immatérielles qui se propagent à travers l'espace. N'espérons pas de M. Vuillard, s'il reste fidèle à lui-même, une décoration brillante et composée selon les règles, comparable à celle que M. Maurice Denis a exécutée pour le théâtre des

Champs-Élysées. Si nous faisons des rêves d'avenir imaginons plutôt une petite salle de concert dont les parois seraient revêtues par M. Vuillard de visions colorées — sans formes raphaëlesques ni lignes impérieuses — mais qui pourraient créer pour les spectateurs attentifs à se recueillir eux-mêmes une atmosphère de douceur méditative et de recueillement émotionnel. C'est dans ce domaine-là que M. Vuillard est incomparable.

LA DÉCORATION POUR M. CLAUDE ANET

Elle date de 1898. Elle se composait de trois panneaux. L'un d'entre eux est resté en possession de celui pour qui elle a été faite. Deux autres appartiennent aujourd'hui au prince Bibesco.

Le panneau décoratif demeuré chez M. Claude Anet représente dans un ensemble de verdure — très en tapisserie — qui cache presque entièrement le ciel une table recouverte d'une nappe à grands carreaux gris et rouges supportant fleurs, bouteilles et porcelaines, et autour de laquelle sont une dizaine de personnages assis ou debout. On reconnaît certaines personnalités notamment M. Tristan Bernard, coupé par le cadre, en cotte bleue et chapeau de paille jaune.

A notre gauche serpente un large chemin gris-rose, bordé de fleurs sur lequel se détache une servante ramassée sur elle-même pour se placer à la portée de deux bébés.

En résumé c'est une vaste verdure enrichie par les jaunes et les bruns-roses de certaines essences d'arbres peu individualisées et sur lesquelles chantent les notes rouges-roses de la nappe, de la robe d'une jeune femme assise et, çà et là, d'indications colorées que justifient ici un ruban, là une cravate, plus loin une bordure de fleurs. Beaucoup de gris et de bruns dans les vêtements, plusieurs chapeaux de paille jaune, une chaise verte, un tapis posé sur l'herbe au premier plan et maints objets. On sent que le peintre a vu par hasard ce coin d'intimité dans un parc, qu'il a eu envie de le peindre et qu'il a ajouté ici ou là un vase avec des fleurs, un chapeau de paille, un tapis de table à carreaux ou une étoffe rayée afin de compléter l'harmonie des couleurs, diversifier encore la variété des tons locaux, et enrichir par le détail l'ensemble

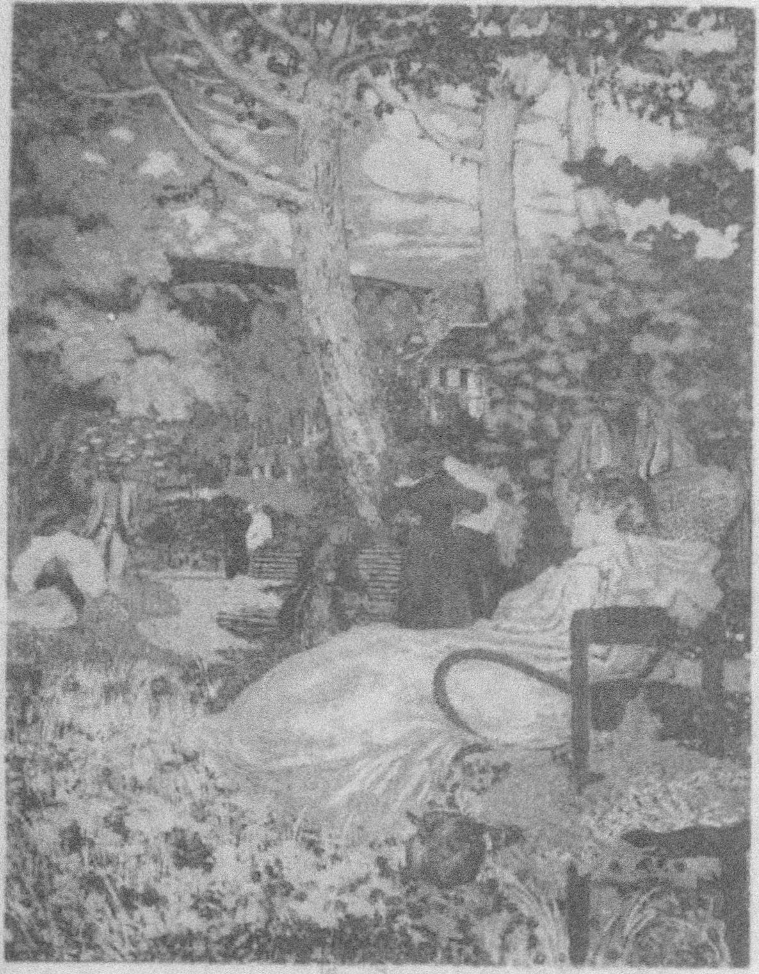

Cliché Druet

LE ROCKING-CHAIR

EDOUARD VUILLARD

de la vision colorée qu'il était en train de repenser avant de la fixer sur la toile. Qu'il ait peint d'après nature, c'est possible mais lui seul, devant ce motif de réalité, a pu voir ce qu'il a vu. On sent un accord entre cette réalité et la sensibilité profonde du peintre, sa manière de voir et de concevoir la vie. Pour la préciser et l'intensifier, il a transposé pour la plupart des objets l'ordre des facteurs, et il a fini par peindre — à propos de ce qu'il voyait — une sorte de transfiguration sentimentale de la réalité. Il a peint son plaisir de peindre.

Les visages n'existent guère. Ce sont des taches colorées. La recherche des mouvements n'existe pas davange. Dans une certaine mesure le dessin n'existe pas non plus, à moins que l'on ne concède que le dessin en soi ne consiste qu'en des traits expressifs concordant à un but déterminé. En ce cas, le dessin est très beau puisqu'il est éminemment expressif bien qu'il ne soit ni précis, ni souple, ni pittoresque, bien qu'il n'épouse pas la forme et qu'il ne vise en aucune façon à fixer exactement la réalité.

Tout cela est vu, pensé et réimaginé par un artiste, par un peintre. Ébranlement de toute une sensibilité nerveuse par une émotion visuelle et

transcription sur la toile de cette émotion visuelle
qui s'est imprégnée en passant à travers ce tempérament de toute une culture littéraire et psychologique !

Le résultat est devant nous : c'est uue harmonie
très riche, très sobre, avec des matités qui ne sont
pas dénuées de profondeur et, parfois, des velléités
de modelé. Çà et là des touches sont juxtaposées pas
à plats sans souci du modelé et aboutissent tout de
même dans une certaine mesure à donner une sensation de modelé. Cela procède d'une vision extraordinairement perspicace, *analytique*, sensible aux
analogies, aux rapports, aux influences qui seraient
demeurées pour un autre insaisissables.

Les deux panneaux acquis par le prince
Bibesco sont encore plus significatifs. Ils sont
d'une richesse, d'une finesse et d'une variété de tons
extraordinaires. L'un et l'autre représentent des
personnages assis ou debout dans le même jardin.
Que nous importe le sujet ? L'existence de ce jardin nous est suggérée par une harmonie de verts
et de gris vivifiée par des tons vifs. Regardons la
délicatesse du gris-blanc de la robe de cette jeune

femme assise au premier plan dans un fauteuil
cannelé. Elle est très blonde et se présente en profil perdu. Cependant ce profil — au rebours de ce
qui arrive d'ordinaire dans la peinture de M. Vuillard — n'est pas tout à fait sacrifié. Il est très joli.
Sur le gris de cette robe se détache le gros-vert
d'une chaise rustique. De ci de là sont d'autres
personnages qui ne valent à nos yeux que par le
ton de leur vêtement: ici un gris-vert, plus loin un
rouge grenat, ailleur un rouge violacé, plus loin un
gris-blanc ou un gris-brun. Le sol est diapré
d'herbes gris-jaune et d'indications de fleurs vives.
Le ciel est gris et blanc. C'est d'une gaité extraordinaire, d'une diaprure, d'une variété, d'une finesse
et d'une justesse extrêmes. Le peintre atteint à la
puissance par la richesse et par la variété des tons.

Et c'est éminemment de l'art décoratif. Ces
panneaux ne se suffisent pas à eux-mêmes. Ils
exigent autour d'eux de l'espace. On a le sentiment que la bordure d'or les limite arbitrairement.
Ils ont besoin de s'adapter à un mur, de s'encastrer
dans une boiserie. Il ne faut pas qu'on les empêche
de rayonner. Ils semblent dire : « Reculez-vous et
causons sans faire de bruit... »

Or quelle vérité d'ordre général enseignent-ils ?
le plaisir de vivre dans un beau jardin. Peut-être
serait-il plus juste de dire : le plaisir de penser à
un beau jardin où l'on pourrait vivre. Ils nous
disent encore de quelle façon ils veulent qu'on se
complaise devant ce jardin : ramener toutes les
émotions heureuses dont il peut être le motif au
plaisir visuel dont on prend conscience par un travail subtil de l'intelligence. Regardez le rapport
entre le rouge des accoudoirs de la chaise cannelée
à bascule et du gros-vert de la chaise rustique à côté
des gris de la robe de la jeune femme du premier
plan. Ce ne sont pas des contrastes qui s'imposent
aux yeux du premier venu. On les remarque
par un effort d'attention et d'analyse. Dès
qu'on les a vus, comme on les trouve beaux et
combien ils causent de plaisir ! C'est une nouvelle
façon de regarder la nature. Et c'est M. Vuillard
qui en est l'inventeur [1]. Remarquons maintenant
le coussin rouge placé presque au bas du tableau
sur le siège de la chaise gros vert. Comme il est à

1. Par les fantaisies décoratives et les caprices de
M. Bonnard — qui est aussi un inventeur — on peut pressentir les développements dont peut être susceptible cette

sa place ! C'est à peu près le même ton que celui des accoudoirs et cependant comme on sent qu'il est placé à peu près à deux mètres en avant de la chaise à bascule. Comme cela suffit pour qu'il soit différent ! Remarquons enfin le troisième rouge d'un vêtement de personnage et le quatrième qui se précise sur un petit toit de tuiles placé vers le milieu du panneau. C'est encore un autre rouge bien qu'il soit à peu près le même que les autres. Il est, lui aussi, à son plan et ils forment — chacun a sa place — les quatre notes d'un accord d'une suavité délicieuse et jusqu'à présent inentendue.

Amusons-nous à trouver d'autres détails. Regardez cette femme en jupe jaune et corsage rouge vue en raccourci et couchée par terre à côté d'une ombrelle gris jaune posée ouverte sur le sol. Comme cela est juste et fin! Remarquerons-nous encore à côté d'un parterre fleuri, ces vieilles gens

nouvelle façon de comprendre l'art de peindre. M. Vuillard est plus grave. C'est un analyste amoureux. M. Bonnard — des mêmes principes — tire des déductions dans lesquelles la fantaisie et le caprice jouent un rôle. De même pour M. Roussel dont le rideau de théâtre est d'une fantaisie charmante sans préjudice des qualités essentielles : la justesse du ton, sa délicatesse et sa variété.

en vêtements gris ? C'est un joli contraste touchant
que celui de cette jeunesse des fleurs et de la vieillesse recueillie de ces contemplateurs mais M. Vuillard ne veut nous faire sentir cela que par la justesse des tons et la subtilité de la vision. [1]

De ce point de vue l'œuvre de M. Vuillard est
d'une nouveauté entière. Il est de ceux qui in-
taurent un nouvel ordre de choses. Il apporte à
l'art de peindre un renouvellement et un enrichissement. Dans mon étude sur M. Gaston La

[1]. L'autre panneau représente une femme assise auprès
d'une façade grise bordée de briques rouges. Un homme
assis sur un pliant bas est à côté d'elle. Le jardin est devant
eux avec çà et là deux ou trois personnages indiqués par
taches sous un grand ciel gris avec des nuages clairs.

Chez le même amateur trois autres panneaux exécutés à la
colle et rehaussés de pastel représentent ici une jeune femme
en violet sur un fond de parc, là une jeune femme en robe
sombre tachetée de jaune faisant un geste vers des passants.
Ils se détachent tous les trois sur un fond de parc jaune et
vert.

Le troisième panneau (qui est le plus riche) représente
un homme brun assis auprès d'une meule jaune ayant à sa
droite et à sa gauche deux jeunes femmes, l'une en vert et
gris, l'autre en mauve et gris avec des chapeaux, rose pour
l'une, et gris pour l'autre. A droite, le paysage s'enfonce gris
et vert sous le ciel gris et bleu.

Touche[1] j'ai pu noter ce qu'il y avait d'arbitraire dans les diaprures de ses fonds de parc ou de ses feuillages en retombée. Devant les peintures de M. Vuillard je sens que l'artiste veut « avant tout que cela soit juste » ce qui ne veut pas dire exact. Le rapport entre la sensation visuelle et l'œuvre réalisée est beaucoup plus étroit dans l'œuvre de M. Vuillard que dans l'œuvre de M. La Touche, et elle n'est pas moins transposée. Par ce rapprochement on sentira peut-être mieux quelle différence foncière sépare ces deux tempéraments de peintres décorateurs choisis au hasard comme exemple.

Et que m'importe si, devant ces panneaux, on reprend les mêmes objections : Est-ce un bras? est-ce un visage? sent-on le nu sous cette robe?

Il n'est pas question de cela. C'est un jardin où l'œil se promène, où il se caresse et où il s'enivre. Il n'est pas question de réalité, à plus forte raison de réalisme bien que les rapports entre le tableau et les motifs de nature soient extrêmement étroits et que cette justesse parfaite soit la qualité essentielle.

1. *Les Décorateurs*, tome premier.

Un musicien pour s'exprimer n'a que les sept notes de la gamme. M. Vuillard a le droit d'estimer que ses moyens d'expressions sont bien plus riches. Il a à sa disposition tous les tons locaux et, comme le musicien, l'innombrable variété des accords. On pourrait comparer la peinture de M. Vuillard à la musique de M. Debussy et ce rapprochement impliquerait quelque vérité. Ce sont en effet des artistes qui raffinent délicieusement sur leurs propres sensations. Cependant la peinture de M. Vuillard est plus humaine que ne l'est la musique de M. Debussy. M. Vuillard est sincère quand il dit : « Je peins ce que je vois ». Nous savons bien qu'il serait plus juste qu'il dise : « Je peins ce que je sens », mais il n'en est pas moins vrai que sa peinture garde avec la réalité des liens beaucoup plus étroits que n'en garde la musique de M. Dubussy, et c'est pourquoi, peut-être, si intimement liée qu'elle soit à nos façons actuelles de sentir et de penser, elle ne se démodera pas [1].

1. Pour M. Claude Anet M. Vuillard a décoré toute une série d'assiettes de porcelaine blanche. Le décor se compose de traits au pinceau généralement bleus ou verts, avec parfois au centre une indication de visage. Cela est assez sommaire

EDOUARD VUILLARD

Cette décoration a été exécutée vers 1894 pour M. Alexandre Natanson. Elle est à peu près la première en date[1]. On peut la considérer comme un point de départ. Cependant toutes les qualités qui devaient plus tard se développer et se préciser s'y révèlent déjà. Ces onze panneaux sont plus sommaires, moins riches de tons et d'un sentiment décoratif moins rassemblé, mais ils procèdent déjà de la vision particulière à M. Vuillard et de ses

et on sent que cela a été fait très vite, mais comme cela est artiste, peu prétentieux et comme il se révèle même dans ces petites choses un décorateur-né !

1. La première en date des œuvres décoratives de M. Vuillard se compose de deux dessus de porte pour Mᵐᵉ Desmarais. Il a fait aussi, tout à fait à ses débuts, par l'intermédiaire de son ami Lugné-Poe, quelques dessins pour le programme de *l'Enfant prodigue* que jouait alors Mᵐᵉ Félicia Mallet. Pour le théâtre de *l'Œuvre* il a dessiné plusieurs programmes et notamment des œuvres d'Ibsen. M. Vuillard a toujours beaucoup aimé le théâtre. Il a travaillé pour les deux Coquelin et il a fait d'eux des dessins et des portraits. Il a fait aussi le portrait de Mᵐᵉ Suzanne Després, de Mˡˡᵉ Mellot et de quelques autres personnalités théâtrales.

procédés d'exécution. Ils ont été faits d'après les
Tuileries. Ce sont des coins de jardin dont M. Vuillard n'a voulu voir que les tons essentiels et dans
lesquels il s'est complu à noter tantôt la jolie tache
jaune-brun d'un tablier d'enfant, tantôt la tache
presque noire d'une culotte ou encore le gris-blanc
où se jouent les reflets bleus de la lumière sur une
chemisette de toile. En d'autres panneaux il a noté
la belle tache d'un sol jaune où traînent des ombres
grises, il a saisi et fixé l'opposition joyeuse entre un
corsage gris carrelé de rouge et une ombrelle jaune
parmi des verdures sous un grand ciel gris. Dans
tel ou tel autre il a fait chanter les uns à côté des
autres le blanc tacheté de rouge d'une robe de
femme, le petit vêtement presque noir d'un enfant,
un groupe de personnages sombres et des verdures
traitées en encadrement sans le moindre souci de
vérité botanique. Ailleurs c'est une robe bleue
tachetée de jaune à côté d'un enfant vu de dos en
vêtement couleur lie-de-vin, ailleurs encore c'est une
femme en vêtement presque noir à ombrelle rouge
sur un grand sol jaune où bougent des ombres. On
constatera, par ces exemples, que les sujets n'offrent
par eux-mêmes aucun intérêt. Il n'y a pour ainsi dire

pas de visages. A peine pourrait-on citer, par exception, dans la tache colorée d'une physionomie d'enfant deux taches brillante — très expressives — que sont les yeux puérils. Bien que M. Vuillard fût encore très jeune, il était déjà lui-même. Dès le début il subordonna la transcription du sujet à l'interprétation de son émotion visuelle. A ce moment il a pris pour motifs des femmes et des enfants dans le jardin des Tuileries mais il aurait pu choisir aussi n'importe quoi. Il voit des tons. Il s'ingénie à découvrir le pourquoi du plaisir que lui causent ces tons, et après ce travail d'analyse, par un effort de synthèse il reconstitue sur sa toile de quoi donner à peu près le même plaisir à quelques-uns de ceux qui verront le tableau.

L'AFFINEMENT DE LA PERSONNALITÉ

La vision de M. Vuillard a toujours été d'une extrême délicatesse. Ces panneaux — si anciens — le démontrent. Ce peintre pouvait certes faire encore de grands progrès, enrichir sa culture, affiner sa vision, acquérir des moyens d'exécution plus nombreux et — sous leur apparente complexité — plus simples. Mais il n'avait plus à chercher sa voie. Il l'avait trouvée. Et il avait compris en même temps que sa conception de l'art de peindre était particulièrement décorative et qu'il trouverait surtout dans la peinture murale l'occasion de dire sa vérité par grands ensembles colorés.

Dès le début M. Vuillard s'était donc trouvé lui-même. L'objet de ses recherches, dans la suite de sa carrière a été de prendre conscience des qualités et des défauts qui, dès le début, s'étaient révélés dans son œuvre, afin de poursuivre avec méthode son perfectionnement.

LA PHILOSOPHIE INSTINCTIVE

Cette façon de comprendre l'art de peindre comporte un sentiment très particulier de la nature et une sorte de philosophie. Cette philosophie peut se définir à peu près comme ceci : « La beauté de la nature se résume dans l'infiniment petit autant que dans l'infiniment grand. Pour celui qui veut se développer en profondeur un intérieur est aussi intéressant qu'un vaste paysage contemplé du haut d'une montagne, une étoffe dans un jardin est aussi amusante à étudier et à peindre qu'une Impératrice qui passe, abritée sous son ombrelle — et un bébé en culotte dans un jardin public aussi passionnant qu'une foule sur la place de la Concorde. Puisque les moyens picturaux d'exprimer son émotion sont encore plus limités que notre faculté de sentir qui est elle-même déjà extraordinairement restreinte si on la compare à l'innombrable variété des sensations possibles, il est indispensable que l'artiste sache se restreindre. Il faut qu'il fasse un choix. La seule chose qui soit importante pour lui est d'exprimer avec intensité et avec profondeur son émotion picturale, que ce soit devant des personnages, devant quelques objets placés sur une table ou devant un coin de paysage choisi avec goût. La variété dans le choix des motifs n'est qu'apparente. Qu'importe pour un artiste d'être allé au hasard sur la vaste terre et d'avoir fixé sur la toile ses impressions tantôt à Pondichéry, tantôt à Madagascar, tantôt en des portraits et tantôt en des natures mortes, tantôt par des mouvements de foules et parfois en des paysages? C'est en soi-même que se trouve la véritable richesse, et Rembrandt, après avoir vu deux paysans qui rompent le pain dans une chaumière toute proche de son atelier, peut composer un chef-d'œuvre incomparablement plus riche d'émotion, de pensée et de vérité profonde que n'en composa M. James Tissot après avoir parcouru toute la Palestine et rassemblé d'innombrables documents archéologiques. Un peintre doit ramener à des sensations visuelles toute sa conception de l'univers et faire sentir par l'interprétation de ces sensations visuelles la philosophie qu'il s'est faite et la nuance particulière de son amour pour la nature. »

Par un détour cette façon de comprendre l'art de peindre revient à une sorte de panthéisme. La Divinité est partout, même dans une pomme sur une table. La Beauté propre à l'art de peindre peut se trouver partout, même sur une loque qui sèche sur une haie. A propos de cette pomme, de cette loque ou de n'importe quel autre objet, le peintre peut déduire des conclusions d'ordre pictural aussi importantes qu'à propos de n'importe quelle scène historique dont le moindre défaut sera de ne s'être pas présentée à ses yeux et de n'avoir pu, par conséquent, exercer sur sa sensibilité une sensation directe susceptible d'émouvoir en lui ce qu'il y a d'essentiel et de profond. Un Cézanne qui peint des pommes ou un tout petit coin de paysage est bien plus panthéiste et en communication plus directe avec l'âme de la nature qu'un élève de l'École des Beaux-Arts qui peint de pratique un *Triomphe de Silène* ou un *Faune auprès d'une Hamadryade*. Quand M. Vuillard s'attache à décomposer les éléments de son émotion visuelle devant un bouquet de fleurs dans un vase, devant un mur de presbytère derrière lequel émergent des verdures ou devant des ondulations de terrain entre lesquelles se cachent des habitations humaines il fait, avant tout, œuvre de peintre. Quand il essaie de combiner à nouveau sur sa toile ces éléments colorés pour en faire surgir peu à peu l'impression de recueillement il fait œuvre de créateur, de poète, et, dans une certaine mesure, de philosophe.

L'amour de la nature, je le sens, est chez M. Vuillard aussi vivace que chez Corot. L'intérêt passionné pour la vie intellectuelle et pour le mystère des âmes je le sens dans l'œuvre de M. Vuillard aussi ardent que dans les portraits de Ricard ou de Prudhon. Mais ces mêmes sentiments émeuvent d'une autre manière la sensibilité de M. Vuillard et il les exprime autrement. Le ton local à son plan, toute l'inextricabilité des tons locaux à leurs plans et une sensation de richesse, d'éclat et de beauté sobre obtenue par des tonalités et par des accords de tonalités, voilà — si je comprends bien — en quoi se résume à peu près l'idéal de ce peintre. Cet idéal n'est restreint qu'en apparence, il embrasse en réalité tous les spectacles du monde visible et toutes les émotions dont ils pourront être l'occasion.

C'est pourquoi les peintures décoratives de M. Vuillard offrent aux spectateurs une leçon importante et d'ordre général. Elle lui enseignent une nouvelle façon d'aimer la nature. Elles célèbrent pour le spectateur, sur un mode nouveau, l'éternelle beauté du monde. Ces peintures multiplient les points de contact que nous avions avec la beauté des choses. Elles sont, à leur manière, un nouvel hymne panthéiste. Elles nous apprennent à mieux connaître notre faculté de vivre par nos yeux, de sentir par nos yeux, de recréer par nos yeux la beauté du monde et ses harmonies.

M. Vuillard assemble des tons comme d'autres

EDOUARD VUILLARD

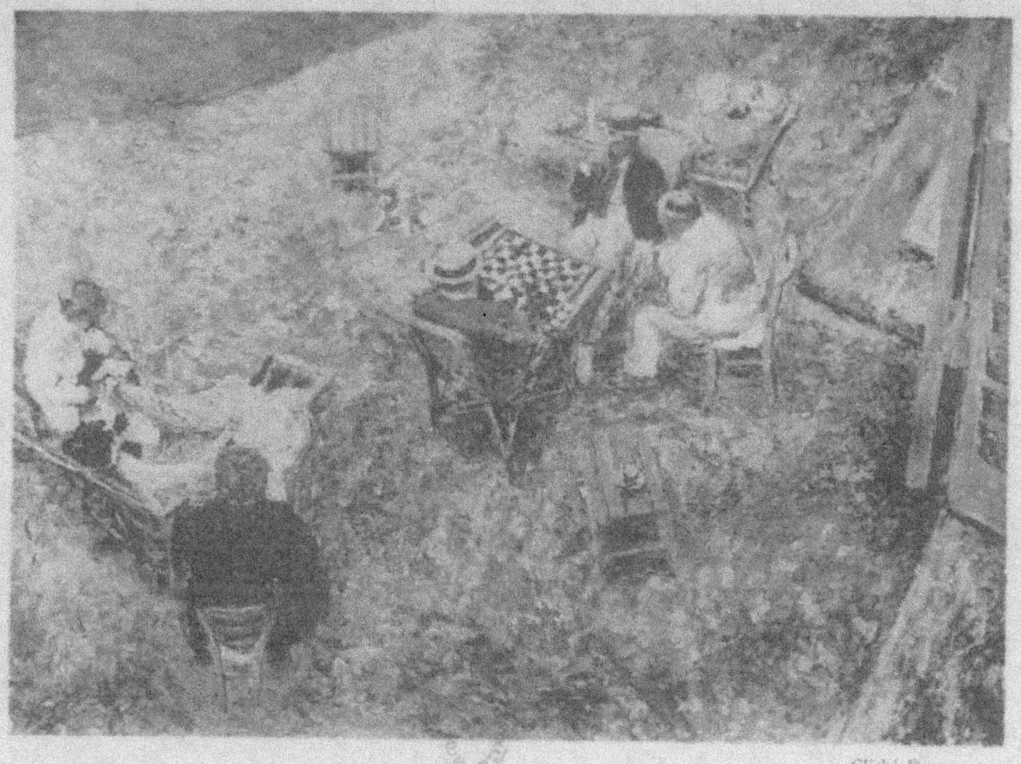

LA PARTIE DE DAMES DANS LE JARDIN

(GALERIE BERNHEIM-JEUNE)

assemblent des idées pour aboutir à des conclusions
d'ordre pictural, mais qui sont aussi d'ordre psychologique et d'ordre sentimental. Son œuvre dans
son ensemble est un hymne à la Nature. C'est, sur
le mode le plus sobre et dans toute la force du
terme un *De natura rerum.*

LES TABLEAUX DE CHEVALET

Même dans le portrait — à plus forte raison dans
tous les autres genres de peinture — M. Vuillard
voit par plans colorés et ne cherche à nous faire
partager son émotion qu'en transposant sur sa
toile ces tonalités et ces plans. Au Salon d'automne de 1912 on a pu voir un vaste portrait
— déjà ancien — d'après M. et Mme Alexandre
Natanson. Ne cherchons dans ce portrait ni l'expression par la ligne, ni la transcription exacte des
traits de la physionomie, ni, la notation saisie sur
le vif d'un mouvement individuel. Délimiter des
volumes dans l'atmosphère, les délimiter par des
différences de tons, transposer ces tons, les disso-
cier et les réassocier entre eux avec le plus de déli-

catesse et d'intensité possibles, tel paraît avoir été le but de M. Vuillard. La jeune femme en vêtement gris-bleu est assise à contre-jour et tient sur les genoux un ouvrage dont le vert est la tonalité principale. L'homme est debout en vêtement sombre et avec un chapeau de paille jaune. Ils se détachent sur un terrain gris-jaune d'où surgissent les piquets d'un jeu de tennis. Le paysage du fond se compose de verdures mêlées de jaunes. On distingue un toit rouge-rose et un vitrage gris. Le ciel est d'un bleu presque vert traversé d'un nuage gris-blanc.

Est-ce exactement un portrait dans le sens ordinaire du mot? C'est plutôt un coin de nature où deux formes humaines — que l'artiste a le désir d'individualiser — occupent une place importante. Essentiellement, c'est une harmonie de terrain jaune sur fond de verdure et de ciel bleu sur laquelle se détache une vision de femme aux cheveux blonds, au vêtement gris-blanc relevé de noirs et une forme masculine vue de profil, en vêtements sombres et en chapeau de paille jaune. Dans l'étude des visages, même préoccupation presque exclusive de tonalité. On distingue les traits individuels, mais ils sont notés par la couleur et plus exactement par le ton. C'est de l'influence réciproque de ces surfaces colorées que doit jaillir la ressemblance.

Quels que soient les sujets que traite M. Vuillard, il les regarde et il les transpose du même point de vue. Paysages ou natures mortes, fleurs ou portraits, intérieurs ou compositions décoratives, tous ses tableaux révèlent la même préoccupation. Il a des mises en toile imprévues et ingénieuses. Comme chez les Japonais ou dans les œuvres de Degas il arrive que les personnages soient coupés par le cadre, il advient que le peintre se soit placé de façon à regarder ses modéles par en dessous ou par en haut. Quand il peint des joueurs de dames assis autour de leur table de jeu, sur un sol jaune, le jeu de perspective est infiniment curieux, parce que l'artiste les a vus d'une fenêtre de son appartement et les a fixés dans leur raccourci. Quand il peint des natures mortes, il arrive que la table ait l'air de pencher vers le spectateur. Quand il peint d'après nature, il aime parfois choisir le point d'où le paysage se composera en lignes fuyantes. Mais ces ingéniosités ne sont pas l'essentiel de son originalité. C'est dans sa façon d'analyser les tons et de les recom-

poser sur sa toile, qu'il faut chercher l'essentiel de
ses qualités de peintre.

LE VIRTUOSE

Il se peut que cette façon de comprendre l'art de
peindre comporte quelquefois un peu de préciosité.
M. Vuillard aime la difficulté. Ce qui est facile à
copier lui paraît très souvent indigne d'être transcrit. Pour obtenir plus facilement un effet de
perspective ne cherchez pas dans ses premiers
plans une note sombre ou un objet de tonalité dure
qui — par comparaison — fera se reculer les
limites de l'horizon ou donnera aux autres objets
plus de délicatesse de ton. Ces procédés faciles sont
indignes de lui. Vous le verrez, au contraire,
placer une robe à ramages d'un certain ton devant
un papier de tenture à ramages du même ton, et
s'ingénier à résoudre ce problème presque inso-
luble de noter exactement l'une et l'autre de ces
deux tonalités, en saisissant et en faisant sentir les
différences qu'elles peuvent tout de même offrir à
des yeux extraordinairement perspicaces.

Si l'on se rappelle la définition de M. Bourget, un style de décadence est celui où l'unité du livre se décompose pour laisser la place à l'indépendance de la page, où la page se décompose pour laisser la place à l'indépendance de la phrase, et la phrase pour laisser la place à l'indépendance du mot. On peut se demander s'il n'y a pas dans la subtilité picturale de M. Vuillard, quelques-uns des signes du style de décadence. Cependant si l'on compare la scrupuleuse probité de l'artiste si exclusivement attaché à son motif, au manque de conscience des artistes qui exécutent leurs tableaux en dehors de toute réalité, en dehors de toute observation, ne cherchant à plaire que par le sujet ou par une certaine grâce conventionnelle, on comprendra quels bénéfices moraux peut valoir à des jeunes gens l'exemple d'une telle probité. L'excès de virtuosité, dans l'œuvre de M. Vuillard, se double toujours d'un excès de sincérité, d'un excès de probité, d'une sorte de respect religieux pour le motif de nature.

Et cependant cet artiste n'a jamais ambitionné de donner, par exemple comme Chardin, la sensation de la matière. Il n'est à aucun degré un réaliste dans le sens que l'on donne ordinairement à ce mot. Sa façon d'interroger la nature comporte d'abord un travail intellectuel. Se subordonner à la réalité pour en faire surgir une émotion d'ordre pictural, voilà quelques mots qui résument à peu près sa philosophie. Malgré son admiration pour Corot il n'a jamais essayé de donner, comme cet artiste, une sensation d'espace et de légèreté aérienne dans l'atmosphère de ses tableaux. Par la justesse du ton en des gammes soutenues, il a voulu au contraire ordonner en des espaces restreints des harmonies profondes. C'est merveille que M. Vuillard — ayant une conception de la peinture si peu accessible à la foule des amateurs — ait trouvé tout de même des admirateurs. [1] Peut-être le doit-il à des précurseurs qui ont préparé peu à peu l'esprit du public à

1. M. Roger Marx — qui fut parfois un précurseur — a été vers 1891-92, après une visite chez le Barc de Boutteville, le premier acheteur de M. Vuillard. Il tomba des nues un jour dans l'atelier de l'artiste et emporta quelques études. M. Hessel, qui connaissait M. Vuillard par son ami Vallotton, après les avoir vues chez Roger Marx en acquit aussi quelques-unes vers 1892 et demeura pour l'artiste un ami fidèle et un acheteur persévérant. M. Vuillard a fait plusieurs portraits de M. Hessel.

comprendre ces efforts et ces trouvailles. Cézanne —
qui ne fut compris de personne parce qu'il n'était
précédé par personne — a été l'un de ces précurseurs. Ce sont les travaux et les succès posthumes de
Cézanne qui ont rendu possible le succès relativement aisé de M. Vuillard. Il est permis de croire que
l'œuvre de M. Vuillard aura, elle aussi, le mérite de
travailler à la réconciliation progressive du public
avec la peinture proprement dite.

Il y a dès ce moment une élite qui sent ce
qu'il y a dans cet art de robuste, de vigoureux et de
neuf. Quelques-uns se rendent compte de ce qu'il
peut y avoir d'important dans cette œuvre pour le
renouvellement de la tradition française. Comme
tous les grands artistes M. Vuillard prêche à sa manière le retour à la nature. On peut prévoir que
ceux qui viendront après lui feront leur profit de
ce qu'il a découvert, et qu'il aura été l'un des rénovateurs d'une tradition artistique que les imitateurs
n'enrichissent pas.

FIN DU DEUXIÈME VOLUME

HENRI MARTIN

1893 — *L'Inspiration* appelée aussi *Les Troubadours* (environ 4 m. $\times$ 3 m.) acheté par l'Etat, appartient aujourd'hui au Musée d'Amiens. Une réplique libre a été faite pour la salle des Illustres à Toulouse.

Décoration complétée en 1898, par *Clémence Isaure fondant les Jeux Floraux*, et un plafond représentant *l'Apothéose de Clémence Isaure*.

1895 — Décoration à l'Hôtel de Ville de Paris : salle d'Introduction à la salle des Fêtes.

1900 — Deux plafonds à Tours, intitulés *l'Aurore* et *La Paix* représentant : le premier, *un Ouvrier saluant l'aurore*, et le second, *un Ménage avec un enfant* sur le seuil d'une porte.

1901 — *Bucolique*, panneau exécuté pour l'État et resté en la possession de l'artiste.

1903 — *Les Faucheurs*, salle des Illustres à Toulouse, décoration en trois panneaux.

1904 — *Le Travail* (Caisse d'Épargne de Marseille). Triptyque : *L'Étude, Le Travail, La Prévoyance*.

1905 — Panneau décoratif pour la villa de M. Edmond Rostand, à Cambo.

1906 — Terminus-Hôtel de Lyon : *Peintures décoratives.*

Les *Bords de la Garonne* (capitole de Toulouse), décoration représentant : *La Vie* et *Le Rêve*, treize toiles.

1907 — *Crépuscule*, à la Sorbonne, Paris.

Pour la Mairie du X arrondissement à Paris : *Paysage décoratif*, avec figures.

1908 — *L'Étude*, second panneau à la Sorbonne.

1909 — Cabinet du Secrétaire général à l'Élysée : *Paysages rustiques.*

1910 — A l'Exposition Georges Petit : *Les Regains*, panneau acheté par l'État.

1911 — Salle à manger du D d'Hubécourt, (72, avenue Wagram) : *Paysages rustiques*, avec figures.

Bibliothèque de M. Charles Stern : *Crépuscule*, sans figures.

1912 — Carton de tapisserie pour M. Fenaille.
Les *Dévideuses* (panneau acheté par l'État pour le musée du Luxembourg).

1913 — *Sous la Pergola* (app. à M. Jules Segard, à Tourcoing) et *La Mendiante*, panneaux décoratifs.

1914 — *Le Travail*, pour la salle de Conciliation des Accidents du Travail au nouveau Palais de Justice de Paris.

HENRI MARTIN

En préparation :

Nouveaux cartons de tapisserie pour M. Fenaille, et décoration d'une salle à manger pour le Dr Tissier, boulevard Raspail.

ŒUVRES CONSERVÉES DANS LES MUSÉES

MUSÉE DU LUXEMBOURG : *Sérénité* (1899);
   Portrait de l'Artiste par lui-même.
   Les Dévideuses, panneau décoratif (1912).

PETIT-PALAIS DE LA VILLE DE PARIS : *L'Église de la Dalbade.*

MUSÉE DE LYON: *Le Village de Labastide*;
   Le Pont de Labastide;
   Tête de Fillette.

MUSÉE DE BORDEAUX : *Chacun sa chimère*, d'après Baudelaire (1891).

MUSÉE DE LILLE : *Ananké*, tête de femme (de la période symboliste).

MUSÉE DE NANTES: *Paysage.*

MUSÉE D'AMIENS : *L'Inspiration* (1893).

CAPITOLE DE TOULOUSE : *Les Faucheurs*, en trois panneaux, 1903;
   Les Bords de la Garonne (treize toiles), 1906;
   Les Troubadours, 1893.

Musée de Toulouse : *Le Désespéré* (1880).

L'Homme entre le vice et la vertu (1892).

Francesca et Paolo, bon tableau d'école, avec de beaux morceaux de dessin, son premier grand succès (1re médaille) (1883).

La Fête de la Fédération, premier tableau de technique dite pointilliste (1889).

École des Beaux-Arts de Toulouse :

Les adieux de Mithridate à son fils (qui valut à l'artiste en 1879 le grand prix de Toulouse et une bourse annuelle de 1.500 francs pour partir à Paris).

Musée de Carcassonne : *Le Dante* (1883).

Musée de Montauban : *Caïn*, d'après Lord Byron (1884).

Musée de Pau : *Vers l'abîme* (1897).

Hôtel-de-Ville d'Agen : *Carnot à Agen*, (Exposé en même temps que *Fleurs du mal*, d'après Baudelaire, 1890).

Musée de Gand : *Deux Paysages*.

Musée de Mulhouse : *Fillette* (étude)

Musée de Bucarest : *Enfant* (étude).

Musée de Buenos-Ayres : *Le Pont*.

Musée de Savanas (États-Unis) : *Paysage* ;

Tête de femme ;

Étude pour le travail.

Musée de Rio de Janeiro : *Titans escaladant le ciel*,
dont M. J.-P. Laurens a dit longtemps après :
« C'est son dernier tableau. » (1885)

Ugolin, d'après le Dante, exposé en même temps
que *Bérénice*, d'après Edgar Poë (1887).

Les expositions d'ensemble les plus importantes ont été
celles de 1896, à la galerie Mancini, rue Taitbout ; de 1910
à la galerie Georges Petit et de 1913 à Roubaix.

AMAN-JEAN

ŒUVRES DÉCORATIVES

1883 — *Saint Julien l'Hospitalier*, premier essai décoratif
(Musée de Carcassonne).

1886 — *La Paix*, essai de décoration détruit par l'artiste.

1888 — Affiche pour la Rose-Croix représentant une *Béa-
trice*, élevant haut sa lyre.

1889 — Allégorie décorative de Louis XVII; détruite par
l'artiste.

1893-94 — *La Femme au Paon*, *La Confidence*, *L'Attente*,
panneaux décoratifs.

1894 — *Venise*, panneau décoratif.

1895 — *Venise Reine des mers*, panneau et lithographie.

1896 — *Sirènes*, panneau décoratif et deux esquisses pour
des tapisseries qui ne furent pas exécutées :
Regrets du passé et *Beauté*.

1903 — *Figures féminines dans un parc*, panneau décoratif
broqueté dans l'Hôtel-de-Ville de Château-Thierry.

1909 — Pour le pavillon de Marsan : *La Comédie*.

1910 — Même destination : *La Collation*.

1911 — Même destination : *La Saltimbanque et la Vielleuse*.

1912 — *Les Quatre Éléments* pour la nouvelle Sorbonne, rue Pierre-Curie.

1913 — Quatre panneaux décoratifs en hauteur, comportant pour chacun une figure allégorique, debout ou assise, destinés au Parlement du Chili.

1914 — Panneau décoratif en dessus de porte sur un motif tiré d'*Amphytrion*, pour le salon de M. Melcy à Alger.

OEUVRES CONSERVÉES DANS LES MUSÉES

MUSÉE DU LUXEMBOURG, A PARIS : *Portrait de la fiancée de l'artiste*;
Portrait de sa fille avec un chien.

PAVILLON DE MARSAN : *La Femme au paon*;
La Confidence;
L'Attente, panneaux décoratifs.

PETIT PALAIS (de la Ville de Paris) : *Portrait de jeune fille*:
Miss Hella Carmichael, peinture à l'huile.
Portrait de Mlle Segond, pastel.
Divers dessins au pastel.

MUSÉE DE LYON : *Portrait de femme*, à l'huile, et plusieurs dessins au pastel.

PEINTRES D'AUJOURD'HUI

Musée de Dijon : *Portrait de la fille du peintre*.
Portrait de Miss Hella Carmichaël*, peinture à l'huile, et plusieurs pastels.

Musée d'Orléans : Deux *Jeanne d'Arc*.

Musée de Carcassonne : *Saint Julien l'Hospitalier*.

Musée de Vienne (Isère) : *La Lecture*, peinture à l'huile.

Musée de Bruxelles : *Petite fille avec un bicot dans les bras*, panneau décoratif en hauteur.

Musée de Barcelone : *La Comédie*, œuvre de début.

Musée de Bucarest : *Sous la treille*, peinture à l'huile.

Musée de Stuttgart : *Grand portrait de femme*, peinture à l'huile.

Musée de Mannheim : *Portrait de Miss Hella C.*

Musée de Pittsburg : *La Vasque*, panneau décoratif avec figures ;
La Confidence, réplique libre du panneau du Pavillon de Marsan.
La Conversation, réplique libre de l'un des motifs de *La Collation*.

Musée de Rio de Janeiro : *Portrait de femme*, peinture à l'huile.

Musée de Sidney : Petit nu.

Musée de Buenos-Ayres : *Femme au vase bleu*, peinture.
Tête de femme peinture décorative.

MAURICE DENIS

———

OEUVRES DE M. MAURICE DENIS

Denis (Maurice), né à Granville (Manche) en 1870, élève
de Balla, de l'Académie Julian, de l'École des Beaux-Arts
et de Paul Serusier.

1890 — Ancien Salon : *L'Enfant de chœur*, pastel.

1891 — Indépendants : *Mystère catholique* (collection
      H. Lerolle). Illustrations pour *Sagesse*, de Paul
      Verlaine.

1892 — Plafond chez M. Henri Lerolle.
      Indépendants : *Le Soir trinitaire* (collection
      H. Lerolle); *Les Fiancés* (collection Viau).

      (Exposition Le Barc de Boutteville) : Quatre pan-
      neaux pour une chambre de jeune fille.

      Décors pour *La Belle au Bois*, de M. G. Trarieux
      (appartient à Mme Finaly); pour *Théodat*, de
      M. Rémy de Gourmont (au Théâtre d'Art) et pour
      les deux *Antonia*, de M. Édouard Dujardin.

1893 — Indépendants : *Les Muses*, panneau décoratif (collection Fontaine); *Les Vierges Sages* (collection H. Lerolle); *Légende de Chevalerie* (collection Hessel).

Lithographies pour le *Voyage d'Urien*, de M. André Gide.

1994 — *Avril*, plafond chez Mme Chausson.

(Indépendants) : *Annonciation* (collection Mellerio); *La Princesse dans la Tour*, *Femme nue* (collection Bernheim).

1895 — A l'Art nouveau, chez Bing : *Frauenliebe und leben*, décoration d'une chambre (en grande partie collection comte Kessler, Weimar).

Société Nationale : *Les Pélerins d'Emmaüs*, la *Visitation*, la *Nativité* (collection Théodore Duret).

1896 — *Le Printemps*, plafond chez Mme Chausson.

Société Nationale : *Jésus chez Marthe*. Refusé : *Rorate Cœli desuper* (collection Devillez, Mons), *Soleil de Pâques*.

1897 — *La Légende de Saint-Hubert*, sept panneaux et un plafond avec un vitrail chez M. Denys Cochin.

Société Nationale : Figures dans un paysage de printemps (collection Tschoukine, Moscou); Portrait de Mlle *Y. Lerolle* en trois aspects (collection Rouart, Toulouse); Portrait de l'artiste et de sa femme.

1898 — *Terrasse de Fiesole*, plafond chez Mme Chausson.

Société Nationale : *Femmes au lilas* (collection H. Lerolle ; *Madone* (collection Beltrand) ; *Cortone et Fiesole*, deux paysages (collection von Tschudi, Berlin).

1899 — Décoration de la chapelle de Sainte-Croix du Vésinet, projets exposés en partie à la Société Nationale, aujourd'hui au Musée des Arts décoratifs de Paris.

Portrait en triptyque (collection Adrien Mithouard).

Le monotone Verger (collection Stern, Berlin).

Vitraux chez Mme Péan de Saint-Gilles.

Suite de douze lithographies en couleurs, édition Vollard.

1900 — *La Forêt des Jacinthes*, décoration chez M. le comte Kessler, Weimar.

Le Jeu de volant, décoration chez M. Moreau-Nélaton.

1901 — Décoration de la chapelle de la Sainte-Vierge, dans l'église du Vésinet, peintures et vitraux.

Société Nationale : *Laissez venir à moi les petits enfants* ; *Hommage à Cézanne* (collection Gide).

Indépendants : *Moïse sauvé des eaux* (collection Moreau-Nélaton).

1902 — Société Nationale : L'artiste est nommé sociétaire et expose : *Descente de Croix* (collection Louis Rouart) et *Vierge au Baiser* (collection G. Moreau).

Indépendants : *Portrait de Famille.*

1902 — *Sainte Famille* (collection Mutzenbecker, Wiesba-
    den).

1903 — Décoration de la chapelle du Sacré-Cœur, dans
    l'église du Vésinet, peintures et vitraux.

    Société Nationale : *Notre-Dame de l'Ecole*, *Mise
    au Tombeau* (collection comte Kessler, Weimar).

    La Plage, *Les Baigneuses* (collection Blanche).

    Indépendants : *Coup de Lance*, *Le Pardon de la
    Clarté*.

    Suite de 116 illustrations gravées sur bois pour
    une *Imitation de Jésus-Christ* et tirées à l'Impri-
    merie Nationale, édition Vollard.

1904 — Indépendants : Portrait dit *La Leçon de Couture*;
    La Plage du Cerf-Volant; *Eurydice*; *Eliezer*
    (collection Thomas).

    Galerie Druet : 1ᵉʳ Exposition particulière : *Etudes
    d'Italie*.

1905 — Décoration pour une chambre de musique chez
    M. de Mutzenbecker, Wiesbaden).

    Société Nationale : *La Treille*, panneau décoratif
    (collection Wolff, Berlin); Portrait de Mᵐᵉ de la
    L... et de ses enfants, *Hommage à l'Enfant Jésus*,
    Adoration des Mages.

    Indépendants : *Septima hora reliquit eam febris*
    (collection Boch).

1906 — Société Nationale : *Nausicaa* (collection Bloch),
    Calypso, *Bucoliques d'Automne* (collection Ber-
    nheim), *Grande Plage*.

1906 — Indépendants : *Baignade à Sainte-Anne la Palud* (collection Van Rysselberghe).

1907 — Décoration du vestibule de M. Rouché, rue d'Offémont, à Paris.

Société Nationale : *Nativité* (collection G. Thomas), *Polyphème*, *Bacchus et Ariane* (collection Morosoff, Moscou).

Galerie Bernheim : 2ᵉ Exposition particulière : *Le Mois de Marie* (collection Aubry), *La Vierge au Jardin fleuri*.

1908 — Société Nationale : *L'Éternel Printemps*, décoration pour la salle à manger de M. Gabriel Thomas à Bellevue près Paris.

Salon d'automne : *L'Histoire de Psyché*, cinq panneaux décoratifs pour M. Morosoff, Moscou.

Suite d'illustrations gravées sur bois et en couleurs par J. Beltrand, pour la *Vita nova*, traduction de M. Henry Cochin, édition du *Livre contemporain*.

Galerie Druet : 3ᵉ Exposition particulière : *Les Captifs*, (collection Jamot), *Fenêtre à Venise*, *Annonciation à Fiesole* (collection Thomas), *Cantique à la Madone* (collection Mithouard), *Maternité italienne* (collection Mᵐᵉ Michelot), Portrait de *M. et Mᵐᵉ Van R.*, *Fuite en Égypte*, *Annonciation aux Cappucini*, *Le Jardin d'Armide* (collection Aubry), *La Première Communion*.

Exposition Universelle de Londres : *Hommage à l'Enfant Jésus*.

1909 — Décoration pour la salle à manger de l'artiste à Perros-Guirec (Bretagne). Complément de la Décoration sur le motif de *Psyché* pour M. Morosoff à Moscou (un panneau en hauteur et deux dessus de portes). Envoi aux salons : *Les Bergers* (collection Morosoff) et *La Visitation*.

1910 — *Le Christ aux enfants* (avec le portrait du peintre dans un coin), *Orphée*, *Saint-Georges de Cappadoce et le dragon*, *Nausicaa*.

1911 — Panneaux décoratifs d'après le *Décaméron* pour M. Charles Stern. Illustration des Fioretti, gravées par Jacques Beltrand. — *Soir de septembre* (Musée de Nantes).

1912 — *L'Age d'or*, panneaux décoratifs pour le Prince de Wagram.

1913 — Frise décorative et bas-reliefs pour le Théâtre des Champs-Élysées.

1914 — Six panneaux décoratifs sur le thème de *Nausicaa* pour M. Druet.

Illustration d'un Missel de l'Eucharistie (Édit. Druet). —

Illustration d'*Éloa* (d'A. de Vigny), édition du Livre Contemporain.

Exposition de Barcelone (1907) : *médaille d'argent*. — Exposition d'Aix-la-Chapelle (1907) : *médaille d'or*.

L'artiste a publié des études sur le *Néo-Traditionnisme*, dans *Art et Critique*; sur la *Peinture religieuse*, dans *L'Art* et la Vie; sur les *Élèves d'Ingres*, dans *Notes d'Art et d'Archéologie* et l'*Occident* où l'on trouve des notices sur *A. Maillol*, l'*Influence de Ganguin* et *P. Cézanne*. On lui doit un *Essai sur la méthode classique*, dans le *Spectateur Catholique*, et des *Salons*, dans la *Revue Blanche*, la *Dépêche de Toulouse*, l'*Ermitage* et la *Grande Revue*.

Ces études ont été réunies en un volume : *Théories*. (Édit. de l'Occident 1912.)

Le pavillon de Marsan à Paris et le Musée de Nantes sont les seuls musées qui contiennent des œuvres de M. Maurice Denis.

ÉDOUARD VUILLARD

ŒUVRES DÉCORATIVES

1892-1893 — Dessus de porte et un paravent pour Mme Desmarais : *Figures dans un intérieur*, détrempe.

1894 — Neuf panneaux décoratifs et deux dessus de porte exécutés à la colle sur des motifs du jardin des Tuileries, pour M. Alexandre Natanson.

1895 — Cinq panneaux décoratifs exécutés à l'huile pour M. Thadée Natanson, et aujourd'hui disséminés en diverses collections, notamment chez M. Jacques Blanche et chez M. Hessel.

1896 — Panneau décoratif pour M. Jack Aghion. *Promenade dans les vignes*, peinture à l'huile.

1897 — Quatre panneaux décoratifs pour la bibliothèque de M. le Dr Vaquez, 27, rue du Général Foy.

1898 — Trois panneaux décoratifs exécutés pour M. Claude Anet. Deux de ces panneaux sont passés dans la collection du prince Bibesco, rue Sheffer. Le troisième est demeuré chez M. Claude Anet, rue du Bac.

1898 — Un second paravent pour Mme Desmarais : *Figures dans un intérieur*, détrempe.

1899 — Deux panneaux exécutés pour M. Adam Natanson et appartenant aujourd'hui à M. Léon Blum, 126, boulevard Montparnasse.

1900 — Un panneau décoratif exécuté pour M. le prince Bibesco.

1906-1907 — Deux nouveaux panneaux pour le même collectionneur, exécutés à la colle.

1910 — Six panneaux décoratifs exécutés à la colle, sur carton, sur le thème des rues de Paris, pour M. Henry Bernstein, 157, boulevard Haussmann.

1911 — Un grand panneau décoratif pour Mme la princesse Bassiano et un paravent ayant pour titre : *Square Vintimille*, détrempe.

1911-1912 — Deux encadrements de porte pour la villa de MM. Bernheim-Jeune à Bois-Lurette, en Normandie.

1913 — Trois grands panneaux et trois dessus de porte pour le foyer du Théâtre des Champs-Élysées.

1914 — Cinq panneaux décoratifs exposés à la galerie Bernheim-Jeune, et destinés à Bois-Lurette.

AUTRES PANNEAUX DÉCORATIFS EXÉCUTÉS
SANS DESTINATION

1908 — *Quai du Pouliguen*, détrempe. — 0^m 83 × 1^m 48.
1909 — *Chapeau de paille*, détrempe. — 0^m 75 × 1^m 10.

1910 — *La porte du jardin*, détrempe. — $1^m90 \times 1^m42$.
1911-13 — *Devant la porte*, détrempe. — $1^m80 \times 0^m955$.
1912 — *Nu au canapé*, détrempe. . . — $1^m38 \times 1^m25$.
1912-13 — *Les petites voitures en juin.—*
        Femme à la rose, détrempe. — $1^m57 \times 1^m96$.
1912-13 — *Les petites voitures en juin.—*
        Le Siphon, détrempe. — $1^m57 \times 1^m96$.

ŒUVRES CONSERVÉES DANS LES MUSÉES

Musée du Luxembourg a Paris : *Intérieur.*
Musées de Berlin, Stuttgart et de Hambourg : Peintures.

TABLE DES ILLUSTRATIONS

TABLE

TABLE

IMPRIMERIE DE SAINT-DENIS. — Ve Bouillant et J. Dardaillon. — 335.